# JORDANIEN

## Alte Kulturen im Beduinenland

# JORDANIEN

## Alte Kulturen im Beduinenland

Text und Fotografie
Alain Chenevière

Übersetzung aus dem Französischen
Margot Roller

BUCHER

*Junge Beduinin aus dem äußersten Südwesten des Landes. Obwohl sie in Jordanien geboren ist, trägt sie wie viele andere palästinensische Flüchtlinge die traditionelle Tracht ihrer Heimatregion.*

# EINLEITUNG

Das Haschemitische Königreich Jordanien, in der Landessprache al-Mamlakah al-Urdunniyah al-Hashimiye, verdankt seinen Namen dem Fluß Jordan, der auf arabisch Nahr al-Urdun heißt. Mit diesem Strom ist die Geschichte dieses flächenmäßig kleinen Landes, das an antiken und neuzeitlichen Kulturdenkmälern ungeheuer reich ist, untrennbar verbunden.

Jordanien gehört zum westlichen Teil des Nahen Ostens. In dieser Region wurden Nomadenvölker semitischer Abstammung vor nahezu 11000 Jahren seßhaft; hier entstanden einige der großartigsten Kulturen, die die Menschheit je hervorgebracht hat; hier gelangten sie zur Blüte und mußten wieder untergehen.

Das Schicksal des Landes, seine politische, kulturelle und wirtschaftliche Entwicklung sowie die Mentalität seiner Einwohner sind denen seiner Nachbarstaaten Syrien, Libanon und Israel sehr ähnlich. Was Jordanien aber von allen anderen unterscheidet, ist die Tatsache, daß fast das gesamte Staatsgebiet von Wüste oder wüstenartiger Steppe bedeckt ist.

Die Wüste prägt mit ihren außergewöhnlichen Lebensbedingungen die Menschen, die darin wohnen. Seit Jahrtausenden bestehende Traditionen und Lebensformen, die die Existenz unter so extremen Bedingungen erst möglich machten, haben sich tief in das Bewußtsein der Menschen eingegraben und bestimmen auch heute noch ihr Denken. Insofern hat das Land zwei Gesichter: Einerseits gibt es den am Mittelmeerraum orientierten Westen, andererseits den zu den endlosen Stein- und Sandwüsten Nordarabiens, zur Großen Syrischen Wüste gehörenden Osten des Landes. Diese Kluft spiegelt sich in den Landschaften ebenso wider wie im Charakter der Menschen, die hier leben. Der Gegensatz zwischen Ost und West ist es auch, der den einzigartigen Reiz Jordaniens ausmacht, das großartige Ruinen und Überreste aus semitischer, griechisch-römischer und arabischer Zeit birgt und in dem gleichzeitig die Traditionen der seit Jahrtausenden umherziehenden Nomaden fortbestehen.

# INHALT

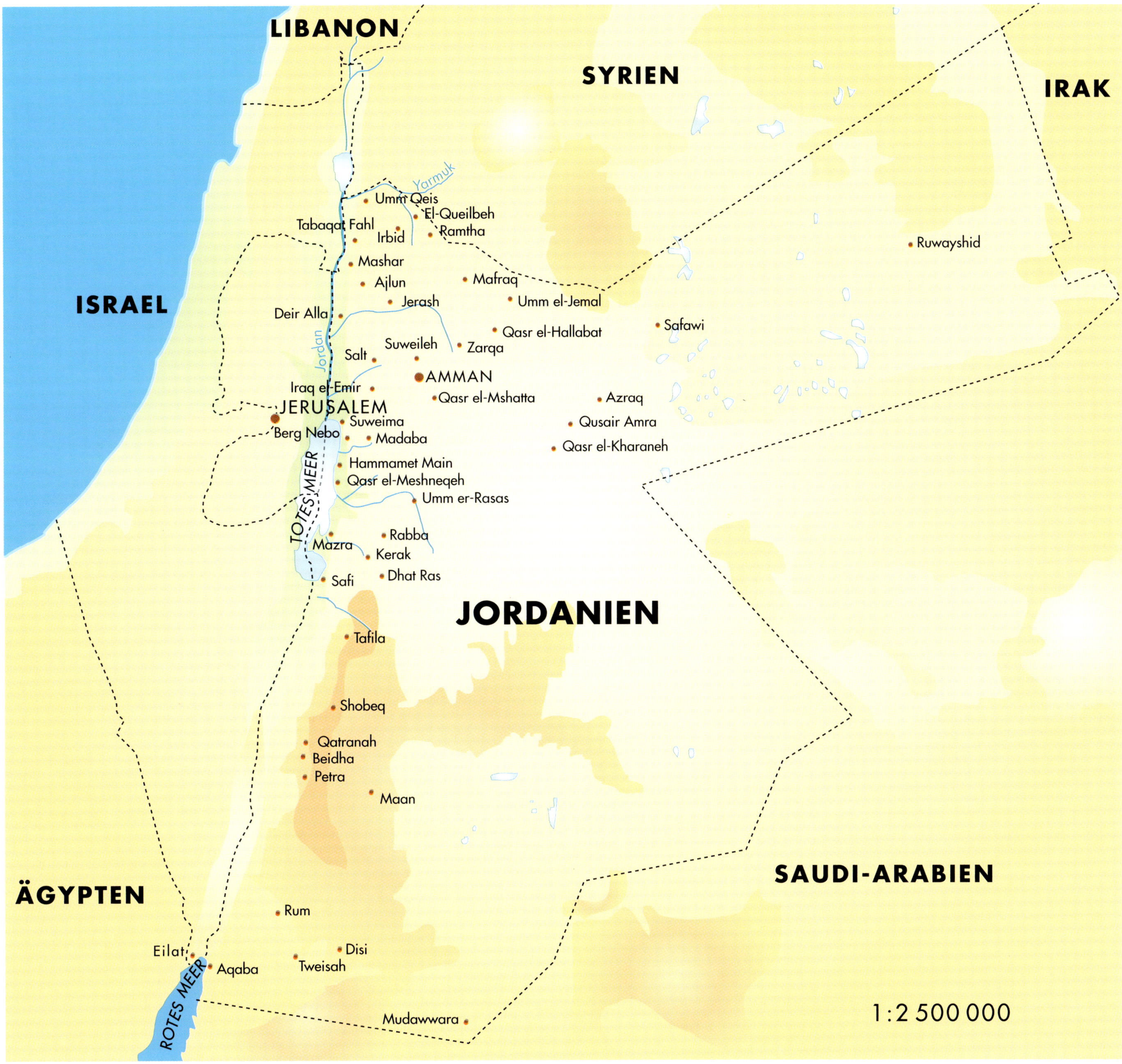
LIBANON
SYRIEN
IRAK
ISRAEL
JORDANIEN
SAUDI-ARABIEN
ÄGYPTEN
Yarmuk
Jordan
TOTES MEER
ROTES MEER
Umm Qeis
El-Queilbeh
Tabaqat Fahl
Irbid
Ramtha
Mashar
Ajlun
Mafraq
Jerash
Umm el-Jemal
Deir Alla
Qasr el-Hallabat
Safawi
Suweileh
Zarqa
Salt
AMMAN
Iraq el-Emir
Qasr el-Mshatta
Azraq
JERUSALEM
Suweima
Berg Nebo
Madaba
Qusair Amra
Qasr el-Kharaneh
Hammamet Main
Qasr el-Meshneqeh
Umm er-Rasas
Rabba
Mazra
Kerak
Safi
Dhat Ras
Tafila
Shobeq
Qatranah
Beidha
Petra
Maan
Ruwayshid
Rum
Eilat
Disi
Aqaba
Tweisah
Mudawwara
1:2 500 000

# VON DER WÜSTE GEPRÄGT

*Das karge Wadi el-Araba verbindet das Tote Meer mit dem Golf von Aqaba.*

*Die meisten Länder des Nahen Ostens zeichnen sich durch eine große landschaftliche Vielfalt und ein buntes Gemisch unterschiedlichster Völker und Kulturen aus. Jordanien zeigt dagegen ein insgesamt einheitlicheres Landschaftsbild – mehr als vier Fünftel des Landes sind von Wüste bedeckt – und eine stärkere ethnische Homogenität seiner Bevölkerung. Das Land ist Teil der nordarabischen Wüstenregion, und die Angehörigen aller Kulturen, die hier leben oder in den vergangenen Jahrtausenden hier heimisch waren, führen ihre Traditionen in irgendeiner Form auf die Beduinen zurück. Die überlieferten Sitten und Gebräuche dieser Wüstenbewohner geben Jordanien seine unverwechselbare Prägung und unterscheiden es von allen anderen Ländern des Nahen Ostens.*

# DIE NATUR

*In den Ausläufern des Djebel Mubrak hat sich eine Nomadenfamilie niedergelassen. Von den Felsen geschützt, trotzt hier das Zelt den heftigen Frühjahrsstürmen.*

*Seit dem endgültigen Verzicht auf das 5900 Quadratkilometer umfassende Westjordanland, der im israelisch-palästinensischen Gaza-Jericho-Abkommen von 1993 erklärt wurde, ist das Staatsgebiet Jordaniens auf 90 000 Quadratkilometer geschrumpft. Dies entspricht etwa der gemeinsamen Fläche von Baden-Württemberg und Bayern. Jordanien gliedert sich in drei Großlandschaften: das fruchtbare Jordantal im Westen, ein Hochplateau entlang des östlichen Flußtals und, daran anschließend, die ausgedehnten Wüstenregionen.*

## LANDSCHAFTLICHE GLIEDERUNG

Geologisch ist Jordanien relativ einfach strukturiert. Fast die gesamte Fläche besteht aus dem kristallinen arabisch-nubischen Sockel, der im Erdaltertum gebildet wurde. Ab dem Erdmittelalter wurde er von einer gleichmäßigen Sedimentschicht überzogen. Im mittleren Tertiär ließen heftige Erdbewegungen einen gewaltigen Riß im westlichen Sockelrand entstehen. Dieser Grabenbruch verläuft in Nord-Süd-Richtung und zieht sich von Nordsyrien über den See Genezareth, das Tote Meer, das Wadi el-Araba bis zum Roten Meer hin. Seine Fortsetzung findet sich im ostafrikanischen Great Rift Valley. Mehr oder weniger rechtwinklig zu diesem Riß wurden zahlreiche Seitentäler geschaffen, durch die sich die aus dem Erdinnern austretende

*Die ausgedehnte Wüste im Osten Jordaniens gehört, besonders im südlichen Teil, zu den schönsten und gleichzeitig trockensten Wüsten unseres Planeten (links). Die spärliche Vegetation zeigt den Übergang zur riesigen Nefud-Wüste Saudi-Arabiens an (unten).*

Lava über weite Flächen ausbreiten konnte. Im Quartär wurde das Relief nochmals tiefgreifend verändert, durch Wind und fließende Gewässer wurde das Gestein abgeschliffen und geformt. Dieser Erosionsprozeß verlangsamte sich erst, als das Klima immer trockener wurde und damit die Wasserführung der Flüsse abnahm.
Im Osten der durch den Grabenbruch entstandenen Senke liegt die jordanische Hochebene. Dieses Hochplateau erhebt sich im Norden aus der Yarmuk-Niederung, erstreckt sich über fast den gesamten Teil von Transjordanien und fällt im Südosten in den südlichen Teil der Syrischen Wüste und in das Trockental des Wadi Sirhan ab, das sich nach Saudi-Arabien hin fortsetzt. Die Felsformationen bestehen meist aus Kreide, im Südosten auch aus Sandstein, Granit und Porphyr. Im Nordosten finden sich daneben noch Lava- und Basaltablagerungen. Die höchsten Erhebungen sind der Djebel Rum mit 1754 und der Djebel Mubrak mit 1727 Metern.
Am Fuß dieses Gebirgszugs liegt das Jordantal. Der Strom fließt, von seinem Quellgebiet im Südlibanon kommend, durch den See Genezareth, nimmt vor der jordanischen Grenze den Yarmuk auf und strömt dann in die Ghor-Niederung, die größtenteils unter dem Meeresspiegel liegt. Sie ist die fruchtbarste Gegend des Landes.

## TYPISCHES WÜSTENKLIMA

Im weitaus größten Teil Jordaniens herrscht kontinentales Wüstenklima. Der Einfluß mediterraner Luftmassen reicht meist nur bis zu den Höhenzügen von Judäa und Samaria, jenseits des westjordanischen Berglands macht er sich kaum noch bemerkbar.
Mit wachsender Entfernung vom Mittelmeer nehmen die Regenfälle ab. So mißt man beispielsweise in Ajlun zwischen 600 und 1000 Millimeter Niederschlag im Jahr, in Amman 460, in Zarqa 50 und in Aqaba nur noch 30 Millimeter. Die einzige Ausnahme bildet

*Im Frühling verwandeln sich die ostjordanischen Berge in ein farbenprächtiges Blütenmeer, überwiegend aus Klatschmohn und Stockrosen.*

die Ghor-Senke, die größtenteils unter dem Meeresspiegel liegt und daher in der Südhälfte tropischen Charakter hat. Entsprechend steigen die Temperaturen ins Landesinnere hinein kontinuierlich an. Im Winter liegt die Durchschnittstemperatur bei 7 Grad Celsius in Amman (hier kann auch Schnee fallen), 16 in Aqaba, 20 im Jordantal. Im Sommer erreichen die Temperaturen dort jeweils 30, 32 und 38 Grad Celsius. Beste Reisezeit sind der Frühling im April/Mai, wenn alles zu grünen beginnt, und der Herbst im Oktober/November, wenn es nicht mehr so schwül ist.

## VEGETATION UND FAUNA

Jordaniens Vegetation und Fauna sind den klimatischen Bedingungen entsprechend karg. Der größte Teil des Landes wird von einer steppenartigen Vegetation bedeckt, die sich vor allem aus Dornbüschen und speziell an die Trockenheit angepaßten Straucharten zusammensetzt. Die beiden einzigen fruchtbaren Regionen sind das Jordantal, wo Zedern, Oliven- und Eukalyptusbäume gedeihen und eine intensive Landwirtschaft mit Zitrusfrucht-, Gemüse- und Obstplantagen betrieben wird, sowie der Nordwesten des Landes, wo schöne Kiefernwälder wachsen. Wie weite Teile des Vorderen

*Heftige Erdbeben haben am westlichen Rand der jordanischen Hochebene natürliche Höhlen entstehen lassen, die lange Zeit bewohnt waren. Heute werden sie als Schäfereien genutzt.*

Orients war Jordanien noch bis ins 8. Jahrhundert ein fruchtbares, dicht bewaldetes Land, in dem zahlreiche Großwildarten lebten. Überweidung, rücksichtsloses Abholzen und immer längere Dürreperioden führten jedoch zum Verschwinden der Wälder.
Entsprechend dezimiert hat sich auch der Wildbestand. Bis auf das Dromedar, das Wüstentier par excellence, sind die großen Säugetiere alle verschwunden. An kleineren Arten finden sich Füchse und verschiedene Nager wie Hase und Wüstenspringmaus. Schon vor einigen Jahren hat die jordanische Regierung begonnen, in Wüstenschutzgebieten ausgerottete Tierarten wie Gazellen, Oryx- oder Säbelantilopen und Strauße wieder anzusiedeln, die einst wichtige Bewohner der jordanischen Wüste waren.
Die größte Artenvielfalt an Tieren findet sich im Golf von Aqaba, hier tummelt sich eine große Zahl leuchtend bunter Tropenfische.

*Die Schafzucht bildet die Lebensgrundlage der Nomaden und Halbnomaden im Osten des Landes.*

# DIE MENSCHEN

*Ornamente an einer Tür im Innern des Palastes auf dem Zitadellenhügel in Amman. Er wurde wahrscheinlich zu Beginn des 8. Jahrhunderts von den Omayyaden erbaut.*

*David Roberts, ein berühmter englischer Reisender des 19. Jahrhunderts, bezeichnete Jordanien als das einzige «durch und durch orientalische» Land des Nahen Ostens. Er war der Auffassung, daß Jordanien, bedingt durch die alles beherrschende Wüste, an uralte beduinische Traditionen anknüpft und sich dadurch seinen authentischen arabischen Charakter bewahrt hat. Daran hat sich bis heute nichts geändert, und es ist unmöglich, die alte und jüngere Geschichte dieses Landes zu verstehen, ohne sich vor Augen zu halten, daß ein Großteil der Menschen, die das Land prägen und geprägt haben, seine kulturellen Wurzeln in der Wüste hat.*

*Detail aus dem berühmten byzantinischen Mosaik in der Georgskirche von Madaba. Es stammt aus der Zeit um 560 und stellt die älteste bislang bekannte Karte von Palästina und Unterägypten dar.*

## BEVÖLKERUNG UND GESELLSCHAFT

Jordanien zählt heute 4,6 Millionen Einwohner. Der jährliche Bevölkerungszuwachs liegt bei 3,4 Prozent, die jordanischen Frauen bringen durchschnittlich fünf bis sechs Kinder zur Welt.
Auch der Zustrom palästinensischer Flüchtlinge, die nach den israelisch-arabischen Kriegen ins Land kamen, war mitverantwortlich für die Bevölkerungsexplosion. Die inzwischen zwei Millionen Palästinenser machen nahezu die Hälfte der Gesamtbevölkerung aus.

## BEDUINISCHE WURZELN

Obwohl sich im Westen Jordaniens die Angehörigen zahlreicher Kulturen dauerhaft niedergelassen haben, halten die meisten jordanischen Volksgruppen, selbst wenn sie seit langem seßhaft sind, an den überkommenen Traditionen der Nomaden fest. Der typisch beduinisch-arabische Charakter konnte sich in Jordanien wohl deshalb so stark behaupten, weil die Bevölkerung über die Jahrhunderte gegen zwei Feinde um ihren Lebensraum kämpfen mußte: zum einen gegen die unwirtliche Wüste, zum anderen gegen den permanenten Ansturm mesopotamischer, anatolischer, ägyptischer, ägäischer, makedonischer und römischer Eindringlinge. Der Stammvater fast aller großen Familien Jordaniens war ein Wüstenbewohner, und alle jordanischen Araber, ob sie als Nomaden, Halbnomaden oder seit Generationen in der Stadt leben, fühlen eine besondere innere Verbundenheit zur Wüste.
Zu den ethnischen Minderheiten Jordaniens gehören 26 000 sunnitische Tscherkessen, deren Vorfahren im 19. Jahrhundert aus dem Kaukasus flohen und als Wehrbauern am Wüstensaum angesiedelt wurden, ferner Dagestaner, schiitische Drusen und Bahais sowie katholische oder orthodoxe Griechen und Armenier.

## EINE EREIGNISREICHE GESCHICHTE

Die ältesten archäologischen Reste, die auf jordanischem Boden gefunden wurden, sind nahezu 11 000 Jahre alt und gehören damit weltweit zu den frühesten Zeugnissen menschlicher Besiedelung. Ausgrabungen in Israel förderten Objekte zutage, die archäologisch ähnlich einzuordnen sind. Dies ist nicht verwunderlich, da beide Staaten, die oft in kriegerischen Auseinandersetzungen miteinander verwickelt waren, dieselben ethnisch-kulturellen, vereinfachend als «palästinisch» bezeichneten Wurzeln haben.

### Palästinische Vorgeschichte

Die ersten Völker, die in Palästina, also im Bereich der heutigen Staaten Jordanien und Israel, siedelten, stammten von frühsemitischen Nomadenvölkern ab, deren Lebensweise und Religion nahezu identisch waren. Vor diesem Hintergrund mußten sich zu beiden Seiten des Jordan zwangsläufig Gesellschaften und Kulturen mit zahlreichen Gemeinsamkeiten entwickeln.
Die Kulturen von Negev und Kilwa gehen mit großer Wahrscheinlichkeit auf einen gemeinsamen Ursprung zurück. Auch die Wurzeln der mesolithischen Kulturen von Jericho und Beidha weisen auffallende Ähnlichkeiten auf. Ab dem Neolithikum begannen sich in jeder Region lokale Besonderheiten herauszubilden. Forschungen auf jordanischem Boden konnten das Auftreten einer Gesellschaft von Jägern und Sammlern im Verlauf des 7. Jahrtausends v. Chr. nachweisen. Dreitausend Jahre später markierten die Metallbearbeitung, architektonische Neuerungen und verbesserte landwirtschaftliche Methoden den Übergang zu seßhaften Gesellschaftsformen. Ihren bildnerischen Ausdruck fanden diese Kulturen in einer hochentwickelten Malkunst, deren schönste Beispiele in Teleilat el-Ghassul nördlich des Toten Meeres zu bewundern sind. Während sich der Schritt zur Seßhaftigkeit vor allem im Westen des heutigen Jordanien vollzog, zeugen eindrucksvolle Monumente aus Megalithen (3. Jahrtausend v. Chr.) von einer halbnomadischen Besiedelung im Osten des Landes.

### Erneute semitische Invasionen

Seit Beginn des 3. Jahrtausends v. Chr. fielen semitische Völker wie Kanaaniter und Amoriter in Syrien und Palästina ein. Sie begründeten mehrere Stadtstaaten, unter anderem auch im heutigen Westjordanland. Begünstigt durch ihre Lage an den großen Karawanenstraßen zwischen Ägypten, Mesopotamien und Südarabien, entwickelten sie sich rasch zu reichen Handelszentren mit regen Außenbeziehungen. Diese Staaten waren geprägt von ägyptischen, ägäischen und anatolischen Einflüssen.

### Von den Hyksos zu den Philistern

Der Reichtum der palästinischen Städte weckte schon bald den Neid ihrer mächtigen Nachbarn. Als erster unternahm König Sargon von Akkad einen Eroberungsfeldzug in die Gebiete westlich des Euphrat. Die westjordanischen Städte blieben davon weitgehend verschont und knüpften Handelsbeziehungen mit dem mesopotamischen Herrscher. Diese friedliche Phase endete jedoch um das Jahr 1700 v. Chr., als die Macht der Akkader zu schwinden begann und die Hyksos, ein kriegerisches Volk asiatischen Ursprungs, vom Norden her in die Region einfielen. Innerhalb kurzer Zeit brachten sie ganz Syrien und Palästina unter ihre Kontrolle. Die Invasion der Hyksos wurde von den Ägyptern sofort mit einem Gegenschlag beantwortet. Die Eindringlinge mußten mehrere militärische Niederlagen hinnehmen und sich schließlich weit in den Norden zurückziehen.
Um das 14. Jahrhundert v. Chr. fiel das heutige Nordjordanien unter die Herrschaft der Ammoniter, ein mit den Hebräern verwandtes aramäisches Volk, das Rabbath Ammon, das heutige Amman, zu seiner Hauptstadt machte.
Kaum hundert Jahre später sahen sich die Ägypter, die ihre Vormachtstellung in der Region bis dato ohne größere Mühe behaupten konnten, erneut durch Invasoren aus dem Norden bedroht: Die gefürchteten Hethiter, ein Volk indoeuropäischen Ursprungs, waren aus Zentralanatolien vorgerückt, um ihr Reich nach Süden zu erweitern. Zwischen ihnen und den Ägyptern kam es zu grausamen Kämpfen, die 1296 v. Chr. in der legendären Schlacht von Qa-

desh (das heutige Tell an-Nabi Mindu) am Orontes ihren Höhepunkt fanden. Nach dem Gemetzel beanspruchten beide Lager zunächst den Sieg für sich. Erst einige Zeit später kam es zum Abschluß eines Friedensvertrags, in dem Palästina den Ägyptern und Syrien den Hethitern zugesprochen wurde.
In der Folgezeit zogen sich die Ägypter nach und nach aus Palästina zurück, an ihrer Stelle ließen sich andere semitische Völker nieder. Während die Ammoniter ihre Stellungen am Rand der nordarabischen Wüste verstärkten, siedelten sich die Edomiter im südlichen Ostjordanland und die Moabiter östlich des Toten Meeres an.

*Ornamente in Qalaat er-Rabad. Die imposante Burg wurde im 12. Jahrhundert von den Ayyubiden errichtet, um das Umland gegen die Kreuzfahrer zu verteidigen.*

Wenig später wurde Palästina in mehreren Wellen von den sogenannten Seevölkern überrannt. Ägäische und vermutlich auch westanatolische Kriege, die auf dem Seeweg hierhergelangt waren, fielen von der Küste her in das Land ein und zerstörten innerhalb weniger Jahre die letzten Außenposten des ägyptischen Reichs, das schon durch interne Querelen geschwächt war. Die Philister, eines der größten Seevölker, ließen sich im Verlauf des 12. Jahrhunderts v. Chr. in der Ebene von Kanaan und an der Mittelmeerküste nieder. Sie nannten ihr neues Reich Philistäa, woraus sich später der Name «Palästina» entwickelte.

**Hebräer und Römer**

Die Hebräer hatten sich um die Mitte des 13. Jahrhunderts v. Chr. am Jordanufer angesiedelt. In weniger als 150 Jahren unterwarfen sie alle Völker der Region. Die stärksten Gegner des hebräischen Königreichs waren die Philister. Die anhaltenden Auseinandersetzungen zwischen den beiden Mächten kulminierten 1050 v. Chr. in der Schlacht von Eben-Ezer, die den hebräischen Truppen eine schwere Niederlage einbrachte und sie während der folgenden fünfzig Jahre unter das Joch der Philister zwang. Als zu Beginn des

1. Jahrtausends v. Chr. der junge König David den Thron von Jerusalem bestieg, nahm ihr Schicksal eine glückliche Wende. David besiegte die Philister, unterwarf die angrenzenden Reiche Edom, Moab und Ammon und griff schließlich die Aramäer im Osten an. Am Ende seiner Herrschaft zahlten ihm fast alle Staaten des Nahen Ostens zwischen Mittelmeer und Euphrat Tribut – nur die Ammoniter leisteten noch bis ins Jahr 70 immer wieder erbitterten Widerstand. Davids Thronfolger Salomon führte das Werk seines Vaters fort, indem er das Land nach außen hin öffnete und Handelsbeziehungen mit Kleinasien, Afrika und Arabien knüpfte. Die salomonische Herrschaft war das Goldene Zeitalter der Hebräer. Nach dem Tod des Königs zerfiel das Reich in ein Nord- und ein Südreich, Israel und Juda.

Die zunehmende Rivalität zwischen den beiden Staaten sollte ihnen bald zum Verhängnis werden. Im Osten erschien eine neue Macht mit einem gewaltigen militärischen Potential auf der Bildfläche: Assyrien. 722 v.Chr. fielen die Armeen von König Sharrukin (Sargon II.) in Israel ein, nachdem sie zuvor das gesamte nördliche Mesopotamien und die Gebiete östlich des Euphrat unter ihre Herrschaft gebracht hatten. Trotz der Unterstützung durch die Phöniker wurde das hebräische Reich Israel vollkommen verwüstet. Das Südreich Juda konnte sich durch einige Zugeständnisse und Tributzahlungen an die Assyrer immerhin eine Teilautonomie bewahren. Im Jahr 587 v. Chr. wurde jedoch auch das verbliebene hebräische Königreich von den Babyloniern unter Nebukadnezar zerstört, die die Nachfolge der Assyrer angetreten hatten.

Verschiedene Fremdherrschaften, die allerdings weniger grausam waren als die vorangegangenen, lösten einander in den folgenden Jahrhunderten ab: Vom 6. bis 4. Jahrhundert v.Chr. regierten die Perser, ab 333 v.Chr. die Makedonier, hundert Jahre später die Seleukiden und schließlich, ab dem 1. Jahrhundert v.Chr., die Römer. Im Jahr 63 v.Chr. nahm Pompeius Palästina ein und gliederte es der Provinz Syria an. Um die Kontrolle über den Handel zu erlangen und sich im Süden gegen das noch nicht bezwungene Reich der Nabatäer abzuschirmen, schloß er die zehn wichtigsten Städte östlich des Jordan zur sogenannten Dekapolis zusammen. Mit der Annektierung des nabatäischen Reiches durch Kaiser Trajan im Jahr 106 n.Chr. war auch der letzte große Rivale in der Region ausgeschaltet, und Rom hatte nunmehr den gesamten Nahen Osten unter seine Oberhoheit gebracht. Trotz der Versuche der Parther im 1. und der Sassaniden im 3. Jahrhundert, sich Palästina einzuverleiben, blieb das Land bis in die erste Hälfte des 4. Jahrhunderts fest in den römischen Machtbereich eingebunden.

### Von den Byzantinern zu den Osmanen

Der römische Kaiser hatte sich 312 zum Christentum bekehrt. Auf den Ruinen des antiken Byzanz gründete er eine Stadt und nannte sie Konstantinopel. Als im Jahr 395, nach dem Tod von Kaiser Theodosius I., das Römische Reich in ein West- und ein Ostreich zerfiel, wurde Konstantinopel (später in Byzanz umbenannt) die Hauptstadt des Oströmischen Reiches. Dieses Imperium hatte über tausend Jahre Bestand. Unter den Byzantinern entwickelte sich das Christentum zur wichtigsten Religion im Nahen Osten. Zu Beginn des 7. Jahrhunderts wurden die südlichen Provinzen des Reiches, zu denen Palästina gehörte, an zwei Fronten attackiert: im Norden von den Persern, die 615 Damaskus und Jerusalem einnahmen, im Süden von durch Mohammed islamisierten Arabern.

Während die Angriffe der Perser abgewehrt werden konnten, hatte kein Heer gegen die Soldaten des Propheten eine Chance. Die arabischen Krieger überrannten Palästina und schlugen die byzantinischen Truppen in der Yarmuk-Schlacht des Jahres 636 vernichtend. Das Oströmische Reich verlor alle Provinzen im Orient. In einem unaufhaltsamen Siegeszug brachten die Muslime den Nahen Osten, Mesopotamien, Ägypten und den Maghreb unter ihre Herrschaft. Nacheinander regierten verschiedene miteinander rivalisierende arabische Dynastien: die Omayyaden im 7. Jahrhundert, die Abbasiden vom 7. bis 9., Fatimiden und Hamdaniden im 10. Jahrhundert.

Angesichts dieses Vorstoßes des Islam rief im Jahr 1098 Papst Urban II. in Italien zum ersten Kreuzzug auf; sieben weitere wurden von seinen Nachfolgern im 12. und 13. Jahrhundert angeordnet. Zunächst errangen die Kreuzfahrer eine Reihe militärischer Erfolge, mußten aber schließlich vor dem Angriff der Mohammedaner auf ihre Stellungen zurückweichen und im Jahr 1302 unter dem Ansturm des türkischen Sultans Saladin (Salah ad-Din) Palästina und das Gelobte Land endgültig räumen. Durch diesen Triumph gestärkt, brachten die türkischen Herrscher Ägypten, Palästina und Syrien unter ihre Kontrolle. Trotz Bedrohungen wie etwa durch die Invasionen der Mongolen im 15. Jahrhundert konnten die Türken – insbesondere die Osmanen, die zu Beginn des 16. Jahrhunderts an der Spitze eines riesiges Imperiums standen – ihre Herrschaft über den Nahen Osten und den Mittelmeerraum bis ins 19. Jahrhundert in vollem Umfang aufrechterhalten.

### Die beiden Weltkriege

Das Osmanische Reich war letztendlich durch seine eigene Größe zum Scheitern verurteilt. Konstantinopel, das 1453 erobert und in Istanbul umbenannt worden war, konnte nicht länger alle Provinzen befrieden und kontrollieren. Palästina bekam dies mit am stärksten zu spüren. Die Beduinenstämme empfanden tiefen Haß gegenüber den türkischen Besatzern. Intrigen seitens der Ägypter, aber auch der westlichen Mächte England und Frankreich schürten den Unmut im Volk und trugen damit zusätzlich zur politischen Instabilität bei. In allen arabischen Ländern des Nahen Ostens erwachte ein starkes Nationalgefühl. Als 1909 in Istanbul die Jungtürken, eine radikale paramilitärische Bewegung, an die Macht kamen, regte sich allerorten massiver Widerstand. Zu den ersten Krawallen kam es in Syrien und Palästina.

Während des Ersten Weltkriegs waren diese beiden Länder Schauplatz grausamer Schlachten zwischen den von Deutschland unterstützten Türken und der arabisch-englischen Koalition.

In dieser Zeit begründete Oberst Thomas Edward Lawrence, besser bekannt als «Lawrence von Arabien», seinen legendären Ruhm. Er stellte eine beduinische Kamelreitertruppe um Emir Feisal, Sohn des 1916 zum «König von Arabien» ernannten Hussein Ibn Ali, zu-

sammen, die in den Jahren 1917 und 1918 der türkischen Armee einige empfindliche Niederlagen zufügen konnte. Und doch erlebten die Araber am Ende des Krieges eine große Enttäuschung. Als Dank und Belohnung für ihre militärische Unterstützung hatten die Westmächte ihnen ursprünglich die Unabhängigkeit zugesagt. Was die Araber nicht wußten, war, daß die Alliierten 1916 einen Geheimvertrag abgeschlossen hatten, das sogenannte Sykes-Picot-Abkommen, das die Region in zwei Einflußzonen aufteilte.
Trotz letzter Versuche, die Spaltung ihres Landes zu verhindern, mußten die Araber 1920 hilflos mit ansehen, wie Syrien und Libanon vom Völkerbund unter französisches, Transjordanien und Palästina (eine Region mit unbestimmtem Grenzverlauf, die aber das heutige

*Der Wächter der Burg Qasr el-Azraq zeigt Touristen immer wieder gern seine Familienfotos: Sein Vater (rechts) kämpfte einst an der Seite des britischen Obersts T. E. Lawrence, bekanntgeworden als Lawrence von Arabien (linkes und mittleres Foto).*

Israel, Jordanien und das Westjordanland, die sogenannte West Bank, einschloß) unter britisches Mandat gestellt wurden.
Noch größer war die Verbitterung der Araber, als sie erfuhren, daß sich England mit der Balfour-Erklärung von 1917 für die Errichtung einer «nationalen Heimstätte der Juden» (Jewish Homeland) in Palästina ausgesprochen hatte. Um die enttäuschten Araber zu entschädigen, überließ die englische Krone Emir Feisal den Irak und erkannte seinen Bruder Abdullah als Herrscher über Transjordanien an, das nunmehr als Emirat unter britischer Oberhoheit stand. Amman wurde Hauptstadt, sehr zum Mißfallen der Juden, die so ihre Hoffnung auf ein «Groß-Israel» endgültig schwinden sahen. Als drei Jahre später England Transjordanien als souveränen Staat anerkannte und Emir Abdullah – ab 1946 König von Transjordanien – bei der Aufstellung einer Armee, der Arabischen Legion, unterstützte, war dies für die Juden ein weiterer Affront.

### Der Konflikt mit Israel

1947 teilte die UNO Palästina in zwei Hälften. Die größere wurde den Juden zugesprochen, die am 14. Mai 1948 den Staat Israel proklamierten. Am 15. Mai endete das britische Mandat über Palästina, und noch am selben Tag marschierten arabische Truppen in das israelische Territorium ein. Der damit entfesselte Krieg endete ein Jahr später mit Gebietsabtretungen seitens der Araber. Auf Rhodos wurde ein Waffenstillstandsabkommen zwischen Israel und Jordanien geschlossen, das seit der Vereinigung mit dem Westjordanland «Haschemitisches Königreich Jordanien» heißt. Mit der Aushandlung des Waffenstillstands machte sich Jordanien die übrigen arabischen Staaten, die einen Friedensschluß mit Israel ablehnten, zu Gegnern. Von den USA erfuhr Jordanien bedingungslosen Rückhalt, was aber die Ermordung des von den Palästinensern des Verrats bezichtigten Königs Abdullah 1951 nicht verhindern konnte.

Ihm folgte zunächst sein ältester Sohn Talal auf den Thron, der allerdings bereits nach einem Jahr aus Krankheitsgründen abgesetzt wurde. Talals Sohn Hussein ist bis heute König von Jordanien. 1957 verließen die letzten britischen Soldaten das Land. Der junge König bewies großes politisches Geschick im Umgang mit den Problemen Jordaniens. Es galt, das freundschaftliche Verhältnis mit den Westmächten, besonders mit den USA, aufrechtzuerhalten, ohne die empfindlichen Beziehungen mit dem Irak, mit Ägypten, Syrien und anderen arabischen Ländern, die den regelmäßigen jordanisch-israelischen Treffen mißtrauisch gegenüberstanden, zu strapazieren. Die Opposition gegen Hussein wuchs. Ab 1964 sah er sich mit einer neuen palästinensischen Befreiungsorganisation konfrontiert, der PLO (Palestine Liberation Organization). Ihren Kern bildete die wenige Jahre zuvor gegründete Al Fatah, deren Ziel die Rückeroberung von ganz Palästina war. Ihr Führer Yassir Arafat wurde nach einigen Jahren zum Vorsitzenden des Exekutivkomitees der PLO gewählt und war nunmehr Israels Staatsfeind Nummer eins und ein potentieller Gegner des jordanischen Königs, der gegenüber dem jüdischen Staat eine gemäßigte Haltung einnahm. Zur innenpolitischen Stabilisierung ließ König Hussein 1965 die führenden Oppositionellen des Landes festnehmen und schloß außerdem ein Abkommen mit Saudi-Arabien, das Jordanien wirtschaftliche Unterstützung zusicherte.

Die Übergriffe palästinensischer, überwiegend in Syrien beheimateter Befreiungskommandos auf Israel nahmen zu. Der hebräische Staat reagierte mit Entschlossenheit. Im Juni 1967 startete Israel einen Angriff auf ägyptische, syrische und jordanische Truppen, die sich rasch ergeben mußten. Dieser sogenannte Sechstagekrieg kostete Ägypten den Gazastreifen und die Halbinsel Sinai, Syrien die Golanhöhen und Jordanien das Westjordanland. Für Jordanien war dieser Verlust mit einschneidenden politischen und wirtschaftlichen Einbußen verbunden. Es hatte seine wichtigste Agrarregion verloren und wurde von einer palästinensischen Flüchtlingswelle überrollt, die die innere Sicherheit des Landes gefährdete.

Die im November desselben Jahres von der UNO verabschiedete Resolution forderte von Israel den Rückzug aus den besetzten Gebieten und von den arabischen Ländern die Anerkennung des Rechts aller Staaten der Region auf ein Leben in Frieden innerhalb sicherer Grenzen. Während die jordanische Regierung dieser Resolution zustimmte, weigerten sich Syrien und Ägypten, da dies die diplomatische Anerkennung des Staates Israel bedeutet hätte.

Von nun an war der Nahe Osten ein Pulverfaß, das jeden Moment zu explodieren drohte. Die Beziehungen Jordaniens zu den anderen arabischen Staaten verschlechterten sich, die Wirtschaft des Landes kam allmählich zum Erliegen. Im September 1970, der als «Schwarzer September» in die jordanische Geschichte einging, entschloß sich König Hussein zu einem harten Schlag gegen die PLO und wies die führenden Köpfe aus. Diese hatten in den palästinensischen Flüchtlingslagern erheblichen Einfluß ausgeübt und eine Art «Staat im Staat» gebildet, der zur innenpolitischen Instabilität des Gastlandes geführt hatte.

1973 brach der israelisch-arabische Krieg erneut aus und endete für Syrien und Ägypten mit einer weiteren Niederlage. Aufgrund seiner relativen Neutralität – Jordanien hatte nur Syrien mit einem kleinen Truppenkontingent unterstützt – wurde König Hussein der bevorzugte Vermittler der Westmächte. Auf der Konferenz von Rabat 1974 wurde der PLO das Alleinvertretungsrecht für alle Palästinenser zuerkannt, Jordanien verlor dadurch de facto das gesamte Westjordanland. 1978 fand in Camp David unter der Schirmherrschaft der Vereinigten Staaten ein vom ägyptischen Präsidenten Anwar as-Sadat initiiertes Treffen statt, das in einen Friedensvertrag zwischen Israel und Ägypten mündete. Im Jahr darauf ratifizierten beide Staaten den Vertrag von Washington, der den Unterzeichnern den Friedensnobelpreis einbrachte, von König Hussein und den übrigen Regierungschefs der arabischen Staaten jedoch boykottiert wurde und Präsident Sadat in die Isolation trieb. Der ägyptische Präsident wurde 1981 ermordet.

Als 1980 der iranisch-irakische Krieg ausbrach, ergriff König Hussein Partei für den Irak. Dieser acht Jahre anhaltende Krieg belastete die Beziehungen zwischen Jordanien und Syrien, das mit dem Irak verfeindet war, empfindlich. 1986, nach einer vorsichtigen Annäherung Jordaniens an Israel, verzichtete König Hussein auf die politische Vertretung des Westjordanlands.

Das Land wurde 1990 erneut auf eine harte Probe gestellt, als der Irak in Kuweit einmarschierte. Jordanien, das wirtschaftlich vom Land Saddam Husseins abhängig war und von Palästinensern aller Lager gedrängt wurde, sich mit dem irakischen Regierungschef zu solidarisieren, unterstützte den Irak.

Knapp ein Jahr später endete der Golfkrieg, in dessen Verlauf der Irak eine von den USA angeführte internationale Koalition gegen sich aufgebracht hatte. Wieder einmal gelang es der Diplomatie König Husseins, sein Land aus einer verzwickten Lage zu befreien. Er akzeptierte die Boykottentscheidungen der UNO, ohne sich jedoch gänzlich vom Irak zu distanzieren. So war es möglich, das Vertrauen der ausländischen Regierungen und damit auch Investoren zurückzugewinnen, ohne dadurch vor den Palästinensern das Gesicht zu verlieren.

Durch das 1993 zwischen der PLO und Israel geschlossene Abkommen für eine palästinensische Teilautonomie im Gazastreifen und in Jericho (Westjordanland), vor allem aber durch die gegenseitige Anerkennung der beiden Erzfeinde hat sich die Lage in der Krisenregion weiter entspannt. Seither erlebt die jordanische Wirtschaft einen kontinuierlichen Aufschwung. Der Friede im Nahen Osten scheint endlich in greifbare Nähe gerückt zu sein. Jordanien und sein König haben eine großen Anteil daran.

# DAS JORDANTAL

*An seinem Mittellauf, unterhalb des Sees Genezareth, windet sich der Jordan durch ein tief eingeschnittenes, von steilen Felswänden begrenztes Tal.*

*Der Name Jordan, arabisch Nahr al-Urdun, geht auf die Bibel zurück. Darin werden zwei seiner Quellflüsse, Jor und Dan, erwähnt. Einst war der Fluß wegen seiner reißenden Strömung gefürchtet, heute regulieren mehrere Seitenkanäle sowie große Staubecken auf israelischer Seite den Strom. Obwohl er verhältnismäßig wenig Wasser führt, ist der Jordan in dieser trockenen Region des Nahen Ostens ein wahrer Segen für die Menschen. Durch ihn ist das ganze Jahr über eine konstante Bewässerung der Flußniederungen möglich. Das Tal ist daher seit Jahrhunderten die fruchtbarste Region des Landes.*

# EIN TAL VOLLER MYTHEN

*An seinem Unterlauf wirkt der Jordan recht beschaulich. Der Bau mehrerer Talsperren, vor allem auf israelischer Seite, hat hier zu einer dramatischen Absenkung des Wasserspiegels geführt.*

*Das Jordantal ist Teil einer gewaltigen geologischen Einbruchszone, die vor Millionen von Jahren durch heftige Bewegungen und Verschiebungen der Erdkruste entstanden ist. Dieses sogenannte Große Grabensystem erstreckt sich von Vorderasien bis Ostafrika (Great Rift Valley). Seine heutige Form erhielt das Tal, als sich das Meer zurückzog, das sich ursprünglich vom See Genezareth bis zum Roten Meer erstreckte. Der Strom diente gestern wie heute als natürliche Grenze zwischen verfeindeten Staaten. Sein Name läßt in jedem von uns bestimmte historische oder religiöse Erinnerungen wach werden. An seinen Ufern wurden 5000 Jahre ruhmreicher wie leidvoller Geschichte geschrieben. In Wirklichkeit ist der Jordan weitaus weniger imposant als sein Mythos. Besonders im Sommer kann der gemächlich dahinziehende Strom den Betrachter weder durch seine Breite noch durch seine Wassermassen beeindrucken.*

## DER HART UMKÄMPFTE STROM

Der Jordan wird in der Bibel und im Koran mehrfach erwähnt; an seinen Ufern wirkten Moses, Jesus und Mohammed. Heiliger Strom, natürliche Grenze zwischen zwei durch tiefen Haß entzweite Brudervölker oder lebensspendende Wasserader in der Wüste – der Jordan hat die Geschichte der Region entscheidend geprägt.
Der Fluß entspringt im libanesischen Hermon-Gebirge aus drei Quellflüssen, Hasbani, Dan und Banyas. Südlich des Sees Genezareth wächst er durch die Vereinigung mit dem Yarmuk, seinem

*Die landwirtschaftlichen Erträge des fruchtbaren Jordantals decken fast zwei Drittel des jordanischen Gesamtbedarfs (beide Seiten).*

wichtigsten Nebenfluß, zu einem stattlichen Strom an. Am südlichen Ende des Sees Genezareth liegt das Flußbett bereits mehr als 200 Meter unter dem Meeresspiegel. In Mäandern schlängelt sich der Jordan durch das Tal Beit Shean und durchfließt die Ghor-Senke, bevor er nach 360 Kilometern ins Tote Meer mündet. Er gehört damit zu den kürzesten Strömen der Region.
Und doch ist er zum Mythos geworden. In sumerischen und aramäischen Texten wird er ebenso erwähnt wie in den heiligen Schriften der drei großen Weltreligionen. Der Fluß, und mehr noch sein fruchtbares Tal, das Israel von Syrien und Jordanien trennt, war von jeher von den Anrainern heftig begehrt und umkämpft.

## URALTES SIEDLUNGSLAND

Ausgrabungen im Jordantal zeigen, daß bereits vor rund 11 000 Jahren seßhaft gewordene Nomaden hier Landwirtschaft betrieben haben. Über viele Generationen hinweg entwickelten die ehemaligen Hirten eine Lebensform, die zunächst auf einer Kombination aus Ackerbau und Schaf- oder Ziegenhaltung beruhte und später nur noch auf den Anbau von Kulturpflanzen ausgerichtet war. Par-

allel dazu wurde ein ausgedehntes Bewässerungssystem geschaffen und ständig weiter ausgebaut, so daß die vom Jordan mit nährstoffreichem Schlamm versorgte Senke im Lauf der Zeit zum «grünen Herzen» des Landes wurde.
Im 20. Jahrhundert wurden sowohl auf israelischer als auch auf jordanischer Seite einige ehrgeizige Großprojekte zur Regulierung des Flusses durchgeführt. Dazu zählen der Bau verschiedener Staudämme und die Errichtung des King-Abdullah-Kanals (auch East-Ghor-Kanal genannt), durch den die Bewässerung einer 15000 Hektar großen Anbaufläche möglich wurde. Daß Jordanien seine Bevölkerung mit eigenen Agrarprodukten ernähren kann, ist im wesentlichen auf die Landwirtschaft im Jordantal zurückzuführen.

*Die Bewohner des Jordantals verbringen den größten Teil des Tages auf den Feldern. Die Aufgaben zwischen Frauen und Männern sind gerecht aufgeteilt. Schwere Arbeiten wie das Anlegen neuer Parzellen und die Bestellung der Felder sind Männersache.*

# IM SÜDWESTEN DES FRUCHTBAREN HALBMONDS

*Freitags, wenn die Arbeit auf den Feldern ruht, werden in den kleinen Orten entlang dem Jordan Märkte abgehalten (hier in al-Masharya).*

*Das Jordantal ist eine blühende Oase in einem überwiegend aus Wüste bestehenden Land. Es bildet die Südwestspitze des Fruchtbaren Halbmonds. So lautet der Name einer ausgedehnten Agrarregion, die in einem weiten Bogen über den Irak, Syrien und den Libanon das Zweistromland mit dem Toten Meer verbindet. Dank nährstoffreicher Flußablagerungen und Sedimente sowie dank des reichlichen Wassers, das aus den Seitentälern in die Ebene fließt, konnte sich in dieser Region eine ertragreiche Landwirtschaft entwickeln. Dies ist eine einzigartige Ausnahme in einem Teil der Erde, der für seine Trockenheit und chronische Wasserarmut berüchtigt ist.*

## DIE KORNKAMMER DES LANDES

Ein weiteres Plus des jordanischen Abschnitts des Fruchtbaren Halbmonds ist sein ausgeglichenes Klima. Milde, relativ regenreiche Winter und heiße, trockene Sommer ermöglichen mindestens zwei Ernten pro Jahr, die viele tausend Tonnen Obst und Gemüse einbringen. Seit ungefähr fünfzehn Jahren kann die Produktion stetig gesteigert werden, so daß Jordanien mittlerweile zu den wichtigsten nahöstlichen Exporteuren von landwirtschaftlichen Erzeugnissen wie Getreide, Gemüse, Obst, Zitrusfrüchte und Tabak gehört.

Das Ruinengelände auf dem kahlen Siedlungshügel Tell Deir Alla läßt kaum erahnen, daß hier von der Bronzezeit bis ins 3. Jahrhundert n. Chr. eine der bedeutendsten Städte am Jordan stand.

Blick auf das Händlerviertel des antiken Pella, das heute Tabaqat Fahl heißt (Mitte). Die Ausgrabungen förderten hier zahlreiche Amphoren zutage (unten).

*Von den Hügeln im Osten Pellas bietet sich ein grandioser Blick auf das Ausgrabungsgelände und das Jordantal. Im Hintergrund sind einige der von Israel errichteten Stauseen zu erkennen.*

*Pella war bereits im 5. Jahrtausend v. Chr. besiedelt. Die heute noch sichtbaren Reste stammen aus römischer und byzantinischer Zeit, als die Stadt Bischofssitz war (beide Bilder).*

Dennoch hat die Region auch mit großen Problemen zu kämpfen. Seit dem israelisch-arabischen Krieg von 1967 führt der Jordan nur noch einen Bruchteil seiner ursprünglichen Wassermenge. Da israelische Truppen die syrischen Golanhöhen und den Südlibanon besetzen, erhält Jordanien nur noch ein Viertel der im Johnston-Plan von 1955 festgelegten Wassermenge, der Rest wird vom hebräischen Staat abgezweigt. Diese Problematik ist mittlerweile zu einem der Hauptstreitpunkte bei den Friedensverhandlungen zwischen Israel und den arabischen Staaten, besonders Jordanien, geworden.

## EINE AGRARREGION MIT TRADITION

Mit über 150000 Einwohnern ist das Jordantal, insbesondere durch den Zustrom vieler palästinensischer Flüchtlinge, eine der am dichtesten besiedelten Regionen Jordaniens. Paradoxerweise gibt es hier jedoch keine Städte, sondern nur eine Vielzahl von Weilern und kleinen Dörfern an der östlichen Talseite. Das wohlhabendere Westufer halten seit dem Sechstagekrieg von 1967 israelische Siedler und Militärs besetzt. Die Hoffnung, dieses Gebiet wieder zurückzugewinnen, hat sich endgültig zerschlagen, seit es im israelisch-palästinensischen Abkommen von 1993 zu einem Teil des palästinensischen Territoriums im Westjordanland erklärt wurde.
Auch in der Vergangenheit gab es keine nennenswerten Städte in dieser traditionellen Agrarregion. Seit den Anfängen der Geschichte kreuzten sich im Jordantal die Wege aller durch den Vorderen Orient ziehenden Völker. Aus dieser Epoche sind jedoch nur sehr wenige Zeugnisse erhalten geblieben, vielleicht deshalb, weil die Eroberer zur damaligen Zeit sämtliche Spuren ihrer jeweiligen Vorgänger vernichteten, um die Städte im eigenen Stil wiederaufzubauen. Naheliegender jedoch ist, daß der Schwerpunkt dieser Region auf dem Ackerbau lag und die wechselnden Bewohner weder Zeit noch Interesse hatten, Monumente zu errichten, wie sie es vielleicht in einer weniger fruchtbaren Gegend getan hätten.
Zwei Stätten verdienen dennoch Beachtung: der Siedlungshügel Tell Deir Alla und die antike Stadt Pella (heute Tabaqat Fahl), die zu römischer Zeit das einzige städtische Zentrum mit einer gewissen Bedeutung im Jordantal war. Die dort stationierte Garnison überwachte die Grenzen zu Judäa und Südsyrien. Heute weiß man, daß der Ort bereits im 5. Jahrtausend v. Chr. besiedelt war. Das verhältnismäßig kleine, durch seine Lage inmitten eines fruchtbaren Anbaugebiets jedoch begünstigte Pella gehörte der Dekapolis an, einem im 1. Jahrhundert v. Chr. gegründeten Städtebund. Im 5. Jahrhundert n. Chr. erlebte die Stadt als byzantinischer Bischofssitz ihre Hochblüte. Im Jahr 635 wurde sie von den Arabern eingenommen und 746 durch ein Erdbeben vollständig zerstört. Erst im 19. Jahrhundert belebten Siedler die Stätte neu.
In Deir Alla soll der in der Bibel überlieferte Kampf zwischen Jakob und dem Engel stattgefunden haben. Von dem antiken Tempel, der hier um 1500 v. Chr. erbaut und vierhundert Jahre später zerstört wurde, ist fast nichts erhalten. Über die Gründe seiner Vernichtung ist sich die Forschung uneinig, in Frage kommen entweder ägyptische Truppen oder ein Erdbeben.

# DIE WESTKANTE DES JORDANISCHEN HOCHPLATEAUS

*Ein trockenes Hochplateau erstreckt sich von Jordanien bis nach Syrien hinein. Seine westliche, das Ostufer des Jordan überragende Kante wird durch Wasserläufe und Wadis immer wieder zerschnitten. Die rund 50 Kilometer breite und 100 Kilometer lange Hochebene zwischen der syrischen Grenze und Amman ist die am dichtesten besiedelte Region Jordaniens. Über 3,5 Millionen Menschen leben hier, unter ihnen auch eine große Zahl palästinensischer Flüchtlinge. In der Vergangenheit wurde diese Gegend von den unterschiedlichen jordanischen Herrschern stets wegen ihres angenehmen Klimas und ihrer landschaftlichen Schönheit geschätzt. Aus diesem Grund konzentrieren sich hier auch die größten Städte Jordaniens sowie einige interessante Ausgrabungsstätten und Ruinenfelder, die zum größten Teil aus römischer und byzantinischer Zeit stammen.*

# AMMAN: DAS ROM DES NAHEN OSTENS

*Das römische Theater von Amman liegt im Herzen der Altstadt. Es bot einst bis zu 6000 Besuchern Platz. Heute finden hier kulturelle Großveranstaltungen statt.*

*Die Urbanisierung ist ein noch verhältnismäßig junges Phänomen in Jordanien, das jahrhundertelang reines Agrarland war. Heute leben nur noch 30 Prozent der Bevölkerung von der Landwirtschaft. Seit die moderne westliche Welt mit ihrem wirtschaftsorientierten Denken rasant – und nicht selten ohne Rücksicht auf Verluste – auch in Jordanien Einzug gehalten hat, ist die alte Ordnung aus den Fugen geraten. Immer mehr Menschen haben ihre Dörfer verlassen und sind in die Stadt gezogen. Das hat dazu geführt, daß sich Amman und andere ursprünglich kleine Ortschaften des nordwestlichen Hochplateaus zu gesichtslosen Großstädten entwickelt haben.*

## VON AMMONITISCHER BIS IN HELLENISTISCHE ZEIT

Das heutige Amman steht auf den Fundamenten des antiken Rabbath Ammon, dessen Anfänge mehr als 3500 Jahre zurückreichen. Wie jüngere Ausgrabungen belegen, datiert die Besiedelung des Platzes noch weiter zurück; welches Volk hier lebte, ist noch weitgehend ungeklärt. Amman liegt auf einer Höhe von 758 Metern und wird auch «Rom des Nahen Ostens» genannt, weil sie wie die italienische Hauptstadt auf sieben Hügeln erbaut wurde. Im 14. Jahrhundert v. Chr. war Rabbath Ammon die Hauptstadt der Ammoniter.

*Die Abu-Darvish-Moschee mit ihrer schwarzweißen Fassade krönt den höchsten der sieben Hügel Ammans, den Djebel el-Ashrafiyeh.*

*Eine der bunten, betriebsamen Geschäftsstraßen der Unterstadt, des ältesten Teils von Amman. Die Palästinenserinnen unterscheiden sich durch ihre schillernden Gewänder von den jordanischen Frauen.*

*Der Zitadellenhügel in Amman. Links die Reste der aus dem 6. oder 7. Jahrhundert stammenden byzantinischen Kirche, in der einige schöne Mosaiken erhalten geblieben sind; unten der im 2. Jahrhundert unter dem römischen Kaiser Marc Aurel errichtete Herkulestempel.*

Innerhalb kurzer Zeit entwickelte sie sich zu einer der führenden Handelsmetropolen zwischen östlichem Mittelmeer und Arabien und zu einem kulturellen Zentrum der Hochantike. Zu Beginn des 2. Jahrtausends v. Chr. nahmen die Armeen König Davids die Stadt ein und verwüsteten sie. Doch schon nach kurzer Zeit wurde sie noch prächtiger als vorher wieder aufgebaut und entwickelte sich zu einer der bedeutendsten Städte des davidischen Reiches, die den König mit Waffen für seine Feldzüge belieferte. Als das Königreich Israel in die Hände des babylonischen Herrschers Nebukadnezar fiel, wurde auch Rabbath Ammon eingenommen, blieb aber im Gegensatz zu Jerusalem von der Zerstörung verschont.
Nach dem Ende der jüdischen Herrschaft erlebte die Stadt unter der mächtigen Dynastie der Tobiaden eine neue Blüte. Diese Familie regierte vom 6. bis 2. Jahrhundert v. Chr. über die gesamte Ammonitis, wie das Gebiet zwischen Amman und dem Jordan damals bezeichnet wurde. Ihre Herrscher konnten sich zunächst unter den Ägyptern, später auch unter der Dynastie der Seleukiden eine relative Unabhängigkeit bewahren. Die Stadt wurde mehrere Male umgestaltet und erweitert, besonders in hellenistischer Zeit unter Ptolemaios II. Philadelphos. Er ließ im 3. Jahrhundert v. Chr. auf den

*Der erst zum Teil freigelegte nördliche Bereich des Zitadellenhügels birgt Reste römischer, byzantinischer und islamischer Bauten. Funde belegen eine Besiedelung seit der Bronzezeit.*

*Von dem ehemaligen römischen Forum sind nur noch einige Säulen gegenüber der Fassade des Theaters übriggeblieben. Es war einst einer der belebtesten Plätze des antiken Philadelphia.*

umliegenden Hügeln neue Wohnviertel anlegen und benannte die Stadt in Philadelphia um. Erst als die Nabatäer für eine kurze Zeit die Herrschaft über Ammon erringen konnten, erlangte die Stadt wieder eine gewisse Autonomie zurück.

## DIE STADT AUF SIEBEN HÜGELN

Die Phase der Ruhe war nur von kurzer Dauer. Im 1. Jahrhundert v. Chr. dehnte Rom seinen Einflußbereich auf Vorderasien aus und beherrschte bis ins 4. Jahrhundert die gesamte mediterrane und nahöstliche Welt. Im Jahr 64 v. Chr. wurde die Stadt in die römische Provinz Syria integriert. Philadelphia wurde Mitglied der Dekapolis, eines von Pompeius ins Leben gerufenen Bundes der zehn wichtigsten Städte östlich des Jordan. Diese Vereinigung verfolgte politische und wirtschaftliche Ziele, ihre Mitglieder genossen einen halbautonomen Status. Um das Jahr 30 v. Chr. eroberte der unter römischer Oberhoheit regierende jüdische König Herodes die Stadt und gliederte sie dem römischen Weltreich an. Der alte Streit zwischen Ammonitern und Hebräern flammte wieder auf.

Das Schicksal Philadelphias wandelte sich im Jahr 106, als Kaiser Trajan nach dem endgültigen Sieg über die Nabatäer dem Römischen Reich die «Provincia Arabia Petraea» hinzufügte und Philadelphia zu ihrem Verwaltungszentrum machte. Das antike Rabbath Ammon wuchs zu einer großen Stadt mit breiten Straßen und prachtvollen Bauten heran. Ihre Lage im Schnittpunkt der großen Verbindungswege machte sie bald zum größten Karawanenzentrum des Vorderen Orients. Neue Stadtviertel entstanden auf den sieben Hügeln rund um die Altstadt, schon damals wurden die Voraussetzungen für die heutige Stadtanlage geschaffen.

Philadelphia überlebte den Niedergang des Römischen Reiches. Nach einem kurzen Zwischenspiel der Babylonier im 3. Jahrhundert wurde die Stadt ein Jahrhundert später Bischofssitz und war dem syrischen Metropoliten von Bosra unterstellt. 614 eroberten sie sassanidische Truppen, die jedoch bereits um 625 von den Arabern vertrieben wurden. Im Zuge der Islamisierung Philadelphias wurde der Name Amman wieder eingeführt.

Das Schicksal der Stadt war eng an das seiner omayyadischen Schutzmacht geknüpft. Ihre Glanzzeit erlebte sie ab 661, mit dem Sturz der Omayyadendynastie im Jahr 750 setzte jedoch ein unaufhaltsamer Niedergang ein. Amman verlor seine wichtige Position und versank schließlich, nachdem auch die letzten Händler ihre Kontore geschlossen hatten, in der Bedeutungslosigkeit.

1878 fanden von den Russen aus dem Kaukasus vertriebene Tscherkessen in Amman eine neue Bleibe und kurbelten die Wirtschaft an. Die traditionell guten Beziehungen zwischen den tscherkessischen Siedlern und den arabischen Herrschern veranlaßten Emir Abdullah Anfang der zwanziger Jahre dieses Jahrhunderts, Amman zur Hauptstadt seines Königreichs Transjordanien zu machen. Dieser Entschluß setzte einen Modernisierungsprozeß in Gang, der bis heute andauert. Bedauerlicherweise wurden die Baumaßnahmen allzuoft auf Kosten des antiken Ruinenbestands durchgeführt, so daß wichtige Zeugnisse der Stadtgeschichte verlorengegangen sind.

## DAS MODERNE AMMAN

1950 wurde Amman Hauptstadt des Haschemitischen Königreichs Jordanien. Noch am Anfang unseres Jahrhunderts war dieser Ort ein Dorf mit etwa 2000 Einwohnern. Heute befindet sich die aus allen Nähten platzende Metropole auf dem Weg zur Zwei-Millionen-Stadt. Die Bevölkerung ist seit den israelisch-arabischen Kriegen in den Jahren 1948 und 1967 drastisch angewachsen, da die Stadt zahlreiche palästinensische Flüchtlinge aufnehmen mußte. Diese Entwicklung führte in der Anfangszeit zu massiven wirtschaftlichen Problemen. Heute sind die Palästinenser allerdings in Jordanien heimisch geworden, und ein Großteil der Geschäfte Ammans befindet sich in ihrer Hand.
Das Stadtbild ähnelt im großen und ganzen dem anderer Großstädte des Nahen Ostens. Einen Unterschied gibt es allerdings: In der jordanischen Hauptstadt stehen fast keine alten Wohnhäuser mehr.

*Die King-Abdullah-Moschee mit ihren prächtigen blauen Kuppeln wurde 1993 zu Ehren des Großvaters des heutigen jordanischen Königs auf dem Djebel el-Hussein errichtet (linke Seite und rechts).*

Die breiten Avenuen und die hell getünchten Häuserblocks lassen die Stadt etwas eintönig und monoton erscheinen, Ortsunkundige haben häufig Orientierungsschwierigkeiten.
Von der geschichtlichen Bedeutung der Stadt zeugen nur noch wenige Monumente, die sich im Bereich der Altstadt befinden. Die interessantesten stammen aus römischer Zeit, wie etwa das im 2. Jahrhundert erbaute und 1957 umfassend restaurierte Theater, das Odeum und das Nymphäum. Auf dem verfallenen Zitadellenhügel sind hellenistische, römische, byzantinische und arabische Reste zu sehen, darunter eine palastähnliche Anlage, die von den Omayyaden zu Beginn des 8. Jahrhunderts errichtet wurde, und ein großer, Herkules geweihter Tempel aus dem 2. Jahrhundert.

*Blick auf die Stadt Salt. Im Gegensatz zur Hauptstadt Amman hat sie viel von ihrem ursprünglichen Charakter bewahrt. In den steilen Gassen stößt man immer wieder auf alte Holzhäuser aus dem 17. und 18. Jahrhundert.*

# DIE UMGEBUNG VON AMMAN

*Frau aus der Gegend um Salt mit typischer Kopfbedeckung. Im Gesicht trägt sie die traditionellen Tätowierungen ihres Clans.*

*Die Umgebung von Amman steht, wie die Hauptstadt, ganz im Zeichen der Modernisierungswelle der letzten Jahre – Betonbauten, ein ausgebautes Straßennetz und zahlreiche Industrieansiedlungen zeugen von dieser stürmischen Entwicklung. Nur auf den Hügeln nordöstlich von Amman kann man noch das liebenswert antiquierte Flair der Vergangenheit spüren. In den Dörfern scheint die Zeit stillzustehen. Natur und Tradition bestimmen den Lebensrhythmus.*

## TRADITIONELLE DÖRFER

Amman ist von einer Vielzahl kleiner Städte und Dörfer umgeben. Auf den ersten Blick unterscheidet sich diese Peripherie kaum vom eigentlichen Stadtgebiet. Verläßt man die Hauptstadt, so hat man den Eindruck, den endlosen Verästelungen des Straßennetzes nie zu entkommen. Erst nach und nach spürt man an der veränderten Atmosphäre, daß man die Stadt hinter sich gelassen hat.

*Das malerische Wadi es-Sir, ein stilles und fruchtbares Tal, steht in wohltuendem Kontrast zu den lauten und schmutzigen Großstädten der jordanischen Hochebene.*

Hier, außerhalb des Stadtgebiets, zeigt sich ein anderes Bild. Man sieht noch vermehrt alte Häuser; Felder, Äcker und Schafweiden säumen die Straßen, die Menschen sind in die traditionellen Gewänder gekleidet. In den kleinen Städten und Dörfern trifft man sowohl auf die klassischen arabischen Stein- wie auf türkische Holzhäuser. Obwohl inzwischen leider auch hier für Neubauten zunehmend Beton verwendet wird, haben diese Ortschaften noch immer einen ganz eigenen Reiz bewahren können. Das Leben geht gemächlich seinen seit vielen Jahrhunderten vorbestimmten Gang. Besonders die Gegend um Suweileh und Salt, wo die Menschen viel Wert auf die Pflege überkommener Traditionen legen, ist für Besucher ein äußerst lohnenswertes Ausflugsziel.

*Die kleinen Täler westlich der Hauptstadt sind Oasen der Ruhe. In dieser ländlichen, dünnbesiedelten Gegend werden noch die alten Traditionen gepflegt.*

## STILLE TÄLER

Malerisch sind auch die vielen kleinen fruchtbaren Täler, die versteckt inmitten der zerklüfteten Region liegen. Touristen verirren sich selten hierher, und in der Hauptstadt kennt sie kaum jemand. Eine wohltuende Stille herrscht hier. Die Bewohner leben von Obst- und Gemüseanbau. Eines der reizvollsten Täler ist sicherlich das von einem kleinen, in der heißen Jahreszeit vom Austrocknen bedrohten Fluß durchzogene Wadi es-Sir. Die hier ansässige überwiegend sunnitisch-tscherkessische Bevölkerung trägt farbenprächtige Gewänder. Interessant ist ein Besuch der Stätte Iraq el-Emir, die man von dem Städtchen Wadi es-Sir aus erreicht. Als erstes stößt

man auf den Höhlenkomplex von Iraq el-Emir, der in die steile Felswand auf der rechten Talseite gegraben wurde. Er weist Elemente aus dem 1. bis 3. Jahrhundert v. Chr. auf. Mindestens seit dem 2. Jahrtausend v. Chr. sind die Grotten bewohnt gewesen. Im Mittelalter, unter arabischer Oberhoheit, dienten sie als Pferdeställe, heute sind Hühner und Ziegen darin untergebracht.
Weiter talabwärts erhebt sich die Burg Qasr el-Abd, die vermutlich im 2. Jahrhundert v. Chr. von Hyrkanus, einem Mitglied der mächtigen jüdischen Tobiaden-Familie, erbaut wurde. Die riesigen Steinquader des inzwischen restaurierten Mauerwerks sind bis zu 7 Meter lang und 3 Meter hoch und damit die größten, die jemals im Nahen Osten verwendet wurden.

*Der Nordeingang der «Sklavenburg» Qasr el-Abd bei Iraq el-Emir (Wadi es-Sir). Sie wurde wahrscheinlich im 2. Jahrhundert v. Chr. von der jüdischen Aristokratenfamilie der Tobiaden errichtet (linke Seite und rechts).*

*Die «riesigen Tierfiguren», von denen bereits im 1. Jahrhundert der jüdische Geschichtsschreiber Flavius Josephus berichtet, wurden vor kurzem restauriert. Besonders eindrucksvoll sind die Löwenreliefs, die am Mauersockel und über dem Gesims des Obergeschosses angebracht waren.*

*Landschaft bei Zarqa. Die Großstadt im Osten von Amman ist von Feldern und einem fast geschlossenen Gürtel kleiner weißer Dörfer umgeben.*

# DIE GROSSEN BALLUNGSZENTREN

*Blick auf Irbid, ein Industrie- und Handelszentrum im Norden des Landes. Im Vordergrund der alte Friedhof der Stadt.*

*Der Norden und Nordosten von Amman zählen mit über 130 Einwohnern pro Quadratkilometer zu den am dichtesten besiedelten Regionen Jordaniens. Diese Zahl ist gemessen am Landesdurchschnitt, der bei 52 Bewohnern pro Quadratkilometer liegt, hoch. Dank zahlreicher Industrieansiedlungen verfügt die verkehrsmäßig sehr gut angebundene und erschlossene Region über ein enormes Wirtschaftspotential. Hier konzentrieren sich auch die größten Städte des Landes.*

## ZARQA UND IRBID

Mit 700000 bzw. 350000 Einwohnern gehören Zarqa und Irbid zu den größten Städten Jordaniens. Beide sind Industriezentren, die auf den ersten Blick wenig Sehenswertes zu bieten haben.
Zarqa liegt rund 40 Kilometer nordwestlich von Amman an der Straße nach Mekka. Die Siedlung wurde zum Teil auf den Ruinen eines ehemaligen türkischen Handelskontors errichtet. Bis hinein ins 19. Jahrhundert war sie wegen ihrer strategisch günstigen Lage im Schnittpunkt der großen Karawanenstraßen ein prosperierendes Handelszentrum. Die Entdeckung und Ausbeutung reicher Phosphat- und Ockervorkommen Mitte des 20. Jahrhunderts ließ eine

*Die Gegend um Ajlun ist besonders während der heißen Jahreszeit wegen ihrer Höhenlage und der vielen Kiefernwälder eines der beliebtesten Erholungsgebiete der nordjordanischen Stadtbewohner.*

Industrie entstehen, die die Stadt zu einem wichtigen Wirtschaftsstandort gemacht hat. Daneben besitzt Zarqa bedeutende Ölraffinerien und erdölverarbeitende Industrie. Hier wird ein Teil des über die Trans Arabia Pipeline von Saudi-Arabien in den Libanon beförderten Rohöls verarbeitet.

Irbid, das bei den Römern den Namen Arbela trug, gehört zu den ältesten Städten der Region. Jüngste Ausgrabungen belegen, daß der Ort bereits zu Beginn der Bronzezeit besiedelt war. Die Stadt wurde auf dem Djebel Umm ad-Darad erbaut, der das Ostufer des Jordan überragt. Als Etappenstation an den Karawanenstraßen kam sie von der Antike bis ins Frühmittelalter zu großem Reichtum. Nach der Eroberung durch die Araber geriet sie zwar ein wenig ins Ab-

*Die zwei Kilometer westlich von Ajlun gelegene Burg Qalaat er-Rabad krönt den Gipfel des Berges Awf. Sie ist das schönste Beispiel ayyubidischer Architektur in Jordanien (beide Bilder).*

seits, konnte aber über die Jahrhunderte stets am Karawanenhandel teilhaben und so den Bewohnern ihr Einkommen sichern. Heute hat die Stadt wegen ihrer brisanten strategischen Lage nahe der syrischen Grenze und des Sees Genezareth sowie als Zufluchtsort vieler Palästinenser wieder an Bedeutung gewonnen.

## AJLUN UND QALAAT ER-RABAD

Die Stadt Ajlun ist von Kiefernwäldern und Olivenhainen umgeben. Haupteinnahmequellen seiner Bewohner sind Handel und Landwirtschaft. Ein Besuch in Ajlun sollte man wegen der eindrucksvollen Burg Qalaat er-Rabad oberhalb der Stadt nicht versäumen.

*Qalaat er-Rabad wurde in den Jahren 1184/85 von Soldaten Saladins errichtet, um die Bevölkerung vor Übergriffen der Kreuzritter zu schützen. Die mächtige Festung kontrollierte zweihundert Jahre lang die gesamte Region (links und rechte Seite oben).*

## ZARQA UND IRBID

Mit 700000 bzw. 350000 Einwohnern gehören Zarqa und Irbid zu den größten Städten Jordaniens. Beide sind Industriezentren, die auf den ersten Blick wenig Sehenswertes zu bieten haben.

Zarqa liegt rund 40 Kilometer nordwestlich von Amman an der Straße nach Mekka. Die Siedlung wurde zum Teil auf den Ruinen eines ehemaligen türkischen Handelskontors errichtet. Bis hinein ins 19. Jahrhundert war sie wegen ihrer strategisch günstigen Lage im Schnittpunkt der großen Karawanenstraßen ein prosperierendes Handelszentrum. Die Entdeckung und Ausbeutung reicher Phosphat- und Ockervorkommen Mitte des 20. Jahrhunderts ließ eine Industrie entstehen, die die Stadt zu einem wichtigen Wirtschaftsstandort gemacht hat. Daneben besitzt Zarqa bedeutende Ölraffi-

*Durch verschlossene Fensterläden vor neugierigen Blicken geschützt, fertigen diese drei Bewohnerinnen der nordwestlichen Bergregion eine gemusterte Decke.*

*Die Region nördlich der Hauptstadt wird überwiegend landwirtschaftlich genutzt. Beim Pflügen der Äcker werden immer wieder archäologische Schätze zutage gefördert, die teilweise in nur wenigen Metern Tiefe die Zeit überdauert haben.*

# ANTIKE RÖMISCHE STÄDTE

*Ruinen im nördlichen Teil des antiken Gerasa.*

*Die Region nördlich Ammans ist reich an Zeugnissen aus der Antike. Sie stammen überwiegend aus römischer Zeit, da sich seit dem 1. Jahrhundert v. Chr. das römische Bürgertum in Palästina bevorzugt am westlichen Rand der jordanischen Hochebene ansiedelte. Dies hatte vor allem drei Gründe: Zum einen kreuzten sich hier die großen Handels- und Karawanenstraßen, zweitens waren die Klimaverhältnisse denen Roms sehr ähnlich, drittens überblickte und kontrollierte man von dieser erhobenen Position aus den gesamten Ghor-Graben sowie das Jordantal.*

## DAS PRÄCHTIGE GERASA

Rund 50 Kilometer nördlich von Amman, inmitten der abwechslungsreichen Hügellandschaft des biblischen Gilead, erheben sich neben dem heutigen Jerash majestätisch die Ruinen des antiken Gerasa. Sie gehören wegen ihres guten Zustandes zu den meistbesuchten Sehenswürdigkeiten Jordaniens. Gerasa gilt als das beste Beispiel einer spätantiken Provinzstadt im Nahen Osten. Die moderne Stadt liegt am Ostufer eines kleinen Nebenflusses des Zarqa, das antike Ruinengelände auf der gegenüberliegenden Seite.

*Jerash besitzt einige der schönsten Zeugnisse römischer und byzantinischer Baukunst Jordaniens. Das Forum (rechts) ist wegen seiner ovalen Form in der römisch-antiken Welt einzigartig.*

*Blick vom Cardo maximus auf das Südtheater von Gerasa. Die in Nord-Süd-Richtung verlaufende Hauptachse wird von Kolonnaden gesäumt.*

## DAS GOLDENE RÖMISCHE ZEITALTER

Das antike Gerasa wurde in byzantinischer Zeit umgestaltet. Die mittelalterlichen Architekten integrierten die römische Bausubstanz in die neue Stadtanlage. In ihrer Geschichte hat die seit neolithischer Zeit besiedelte Stadt stets Glück gehabt: sie ging aus politischen und militärischen Umwälzungen meist gestärkt hervor.

Im Jahr 322 v. Chr. eroberte Alexander der Große den Platz und baute ihn zu seinem wichtigsten regionalen Stützpunkt aus. Zu Beginn des 1. Jahrhunderts v. Chr. von den Juden teilweise zerstört, wurde die Stadt 63 v. Chr. unter Pompeius wieder aufgebaut und gehörte zum Bund der Dekapolis. Im Verlauf der beiden darauffolgenden Jahrhunderte entwickelte sich – mit stillem Einverständnis Roms – ein reger Handel mit dem Nabatäerreich. Die Annek-

*In der Mitte des Cardo erhebt sich das Nymphäum, der größte Prachtbrunnen der Stadt.*

*Die Hauptstraßen werden von den Ruinen imposanter Bauten gesäumt. Das Straßenpflaster ist noch im Originalzustand erhalten.*

*Zwei Tetrapylonen (hier der südliche) markierten die beiden wichtigsten Kreuzungen der antiken Stadt. Heute sind nur noch ihre Fundamente sichtbar.*

tierung Nabatäas durch Kaiser Trajan im Jahr 106 war für die Stadt mit einer weiteren Aufwärtsentwicklung verbunden. Ende des 2. Jahrhunderts erlebte Gerasa, endlich in den Status einer römischen «colonia» erhoben, ihr Goldenes Zeitalter. Sie wurde zur Durchgangsstation für alle Karawanen, die entlang der großen Routen mit Seide, Gewürzen und Reis Handel trieben.

## DER NIEDERGANG

Ende des 3. Jahrhunderts erlebte der Handel über den Seeweg einen Aufschwung. Die unter dem Druck arabischer Stämme unsicher gewordenen Karawanenstraßen gerieten immer mehr ins Abseits. Diese Entwicklung führte dazu, daß Gerasa wie viele andere Städte des Hinterlands stark an Bedeutung verlor.

*Hinter dem Nordtheater, das etwas kleiner ist als sein südliches Gegenstück, sind die majestätischen Säulen eines Tempels zu erkennen. Er war Artemis, der Schutzgöttin Gerasas, geweiht.*

*Mosaiken schmücken die meisten christlichen Heiligtümer in Jerash. Leider sind viele dieser überwiegend im 6. Jahrhundert entstandenen Kunstschätze im Lauf der Zeit beschädigt oder teilweise zerstört worden (rechte Seite unten).*

*Dreizehn byzantinische Gotteshäuser wurden auf dem Ruinengelände von Jerash freigelegt. Am berühmtesten ist die Kirche St. Kosmas und Damian; ihr Boden ist mit schönen Mosaiken bedeckt.*

Im 6. Jahrhundert wurde Gerasa von den Byzantinern besetzt, die es zur Garnisonsstadt ausbauten. Aus dieser Zeit stammen die meisten Kirchen von Jerash. Im 7. Jahrhundert eroberten persische, zwei Jahrzehnte später islamische Truppen die Stadt, die nach einer Belagerung durch die Kreuzritter im 12. Jahrhundert verödete.

## EIN NEUER AUFSCHWUNG

Tscherkessische Flüchtlinge, die sich 1878 in den Ruinen Jerashs ansiedelten, erweckten die Stadt zu neuem Leben. Bereits 1806 hatte ein deutscher Archäologe die antike Anlage entdeckt, und im Verlauf des 20. Jahrhunderts legten Forscher voller Staunen eine großar-

tige, fast vollständig erhaltene Stadt frei, die Sand und Erde vor dem Verfall bewahrt hatten. Umfassende Restaurierungsmaßnahmen haben die prachtvollen Monumente aus Antike und Hochmittelalter wieder neu zur Geltung gebracht.
Bis heute wurden annähernd 90 Prozent des antiken Gerasa zutage gefördert. Es liegt bis auf Hippodrom und Triumphbogen vollständig innerhalb des ehemaligen römischen Walls. Durch den Cardo, die von Norden nach Süden verlaufende Hauptachse römischer Stadtanlagen, und zwei Decumani (Ost-West-Achsen) war die Stadt in sechs Viertel gegliedert. Besonders eindrucksvoll sind die Rui-

*Die zu Ehren von Apollons Schwester Artemis erbaute Tempelanlage hat gigantische Ausmaße. Von den Propyläen aus gelangt man über zwei monumentale Treppen ins eigentliche Heiligtum, das ursprünglich von einer großen Kolonnade umgeben war (beide Seiten).*

nen eines römischen Lebensmittelmarkts (Macellum), zweier Theater, zweier Bäder und einiger religiöser Bauten, darunter römische Tempel, eine Moschee, eine Synagoge und mehrere byzantinische Kirchen. Unter diesen 14 bislang freigelegten Gotteshäusern sind St. Kosmas und Damian, St. Johannes und St. Georg wegen ihrer schönen Mosaiken besonders hervorzuheben.
Die kostbarsten Monumente von Jerash sind aber zweifellos das römische Forum, das wegen seiner elliptischen Form ein einzigartiges Zeugnis römischer Baukunst darstellt, und der kolossale, Gerasas Schutzgöttin Artemis geweihte Tempel. Das ovale Forum war weniger ein herkömmlicher Markt als vielmehr Opferplatz und Raststätte für durchziehende Karawanen. Der Artemistempel erhebt sich auf einem 4 Meter hohen Podium, zu dem man vom Cardo aus über mehrere breite Treppenfluchten gelangt. Dieses imposante, terrassenförmig angelegte Heiligtum wurde um das Jahr 180 fertiggestellt. Zwei monumentale Propyläen markierten den Aufgang zum Tempel. Sichtbare Spuren haben die von den Arabern hinzugefügten Befestigungen hinterlassen, und auch die von den Kreuzrittern angerichteten Schäden waren beträchtlich.

*Das antike Abila war zu römischer und byzantinischer Zeit ein bedeutendes Landwirtschafts- und Handelszentrum. Seine Überreste, die verstreut in einer idyllischen Hügellandschaft liegen, wurden bislang nur zu einem kleinen Teil freigelegt und vermitteln daher ein unscharfes Bild vom vergangenen Glanz der Stadt.*

## EL-QUEILBEH UND UMM QEIS

Diese beiden Städte werden von Jordanienbesuchern unverdientermaßen selten angesteuert. Zwar bleiben sie weit hinter der Pracht und der Bedeutung von Jerash zurück, belegen aber, wie weit die Römer nach Nordpalästina vorgedrungen waren.
Abila, das heutige el-Queilbeh, liegt in der näheren Umgebung von Irbid. Sein Name wird in römischen und ägyptischen Quellen mit der Dekapolis in Verbindung gebracht, einige weisen Abila sogar als Mitgliedstadt aus. Ihre Blüte erlebte die Stadt in römischer und byzantinischer Zeit. Die jüngsten Ausgrabungen belegen eine kontinuierliche Besiedelung des Platzes vom Neolithikum bis zum Beginn der islamischen Periode, also von rund 7000 v. Chr. bis 800 n. Chr. Dank ihrer Lage an zahlreichen Wasserquellen und an der großen Karawanenstraße von Damaskus nach Arabien kam die Stadt als Ackerbau- und Handelszentrum einst zu großem Reichtum. Besonders reizvoll für den heutigen Besucher ist der Kontrast zwischen den historisch bedeutsamen Ruinen und der ganz und gar ländlich geprägten Umgebung: Friedlich grasen Ziegenherden zwischen den über zwei Hügeln verstreuten Resten antiker Tempel, Kirchen, Aquädukte und Grabkammern.

Die kleine Stadt Umm Qeis im Nordwesten von Irbid liegt auf einem strategisch wichtigen Bergsattel. Von dieser erhöhten Position aus überschaut sie im Norden die syrischen Golanhöhen und den See Genezareth, im Süden das Jordantal.
Umm Qeis entstand auf den Ruinen des römischen Gadara. Die seit früher Zeit von semitischen Volksstämmen aus Syrien besiedelte Stadt unterstand über viele Jahrhunderte der Oberhoheit der

*In der Hügellandschaft Nordwestjordaniens gedeihen üppige Kiefernwälder. Wasser, das vom Jordan und seinen Nebenflüssen hierhergeleitet wird, sichert das Gedeihen der landwirtschaftlichen Kulturen.*

wechselnden ägyptischen Machthaber. 198 v. Chr. wurde sie von den Seleukiden, 100 v. Chr. von jüdischen Truppen unter Hyrkan und 63 v. Chr. von den Römern eingenommen. Als Mitglied der Dekapolis kam die Stadt unter Herodes dem Großen, der im Dienst Roms regierte, zu Reichtum und konnte sich im Lauf ihrer langen Geschichte stets eine gewisse Unabhängigkeit bewahren.
Die kulturelle und wirtschaftliche Blüte der Stadt überdauerte den Zerfall des Römischen Reiches und hielt bis in byzantinische Zeit an, in der die Stadt Bischofssitz wurde. Als ab dem 7. Jahrhundert die Macht Konstantinopels zu schwinden begann, versank Umm Qeis, wie viele andere nahöstliche Städte, zunehmend in der Bedeutungslosigkeit. Wenig später belagerten arabische Truppen die Stadt, die nun vollends verödete und erst im 20. Jahrhundert von europäischen Archäologenteams wiederentdeckt wurde. Die noch nicht abgeschlossenen Ausgrabungen haben bisher einige schöne Beispiele römischer und byzantinischer Baukunst ans Licht gebracht, darunter ein Theater und mehrere Kolonnadenstraßen.

*Die Ruinen des antiken Gadara nahe Umm Qeis sind noch wenig erforscht. Bislang wurden unter anderem die von Kolonnaden gesäumte Hauptstraße, ein Theater aus Basaltstein und verschiedene kunstvoll ausgestaltete Gräber freigelegt.*

# ENTLANG DER KÖNIGSSTRASSE

*Von Amman aus gelangt man auf zwei Routen in den Süden des Landes. Die eine führt durch die Wüste, die andere durchquert oberhalb des Toten Meeres und des kargen Wadi el-Araba das südwestliche Hochplateau, das eine Fortsetzung der Höhenzüge nördlich von Amman ist. Diese malerische Straße verläuft auf der Trasse einer uralten, als Königsstraße (arabisch at-Tariq as-Sultani) bekanntgewordenen Karawanenroute. Tief eingegrabene Wasserläufe und Trockentäler (ez-Zarqa, el-Mujib, el-Hesa, el-Fidan) zerschneiden in Ost-West-Richtung die langgestreckten Felsformationen aus weißem Kalk- und rötlichem Trümmergestein.*

*Die Georgskirche von Madaba birgt das berühmteste Mosaik Jordaniens, eine Landkarte von Palästina und Unterägypten.*

# DAS HISTORISCHE KERNLAND

*Die christlichen Kirchen von Madaba sind bekannt für ihre hervorragenden Ikonen. Die ältesten stammen aus dem 6. Jahrhundert.*

*Das Hochland, das sich südlich von Amman über dem Toten Meer erhebt, hat sich im Lauf der Jahrhunderte zum historischen Kern des Landes entwickelt. Zahlreiche archäologische Funde belegen, daß hier vom Neolithikum bis in die Zeit der Kreuzzüge unzählige geschichtsträchtige Ereignisse stattfanden. Viele der historischen Dokumente sind zerstört oder allenfalls für Wissenschaftler von Interesse. Einige Ruinenstätten bergen jedoch Kostbarkeiten aus der frühen Geschichte, die sich der Jordanienbesucher unter keinen Umständen entgehen lassen sollte.*

*Eine römisch-byzantinische Straße ist auf dem Mosaik aus der Gegend von Madaba dargestellt. Wie viele andere wurde es von Archäologen und Epigraphikern in mühevoller Kleinarbeit restauriert.*

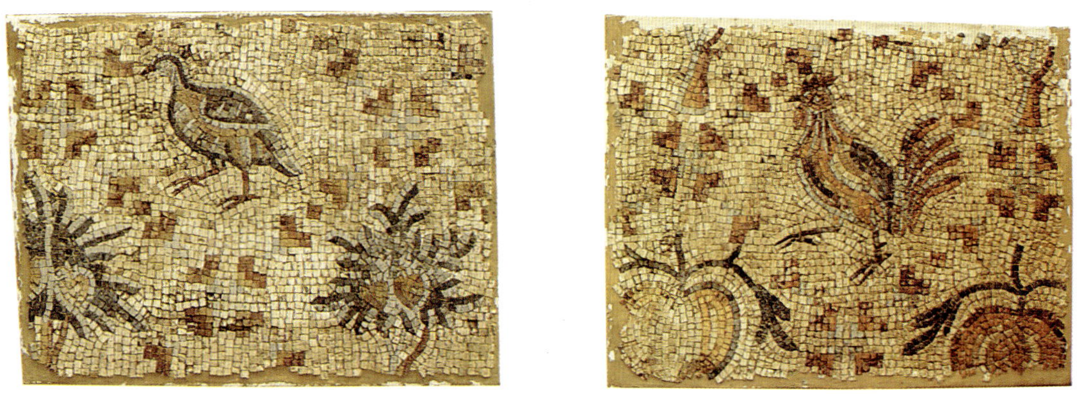

*Zwei Fragmente aus Mosaiken, die einst die Fußböden reicher römischer Privathäuser in Madaba schmückten.*

*Detail aus der berühmten Palästinakarte in der Georgskirche von Madaba. In der Mitte erkennt man das von einer Mauer umgebene Jerusalem.*

*Im Mosaikenmuseum von Madaba wird das Bild »Banche und Satyros« aufbewahrt. Es gehört zu den schönsten Mosaiken des 6. Jahrhunderts und zeigt Szenen, die die Freuden des Paradieses darstellen sollen.*

## MADABA: STADT DER MOSAIKEN

Die friedliche Kleinstadt Madaba liegt rund 10 Kilometer östlich des Berges Nebo und etwa 35 Kilometer südwestlich von Amman. Hier leben heute etwa 65000 Einwohner. Unter anderem ist die Ortschaft berühmt für ihre hochwertigen, originell gemusterten Teppiche, die von den Männern gewoben werden. Die Stadt wurde auf den Ruinen des antiken Medeba errichtet, das im 12. Jahrhundert v.Chr. die Hauptstadt der Moabiter war.

Zweihundert Jahre später fiel sie in die Hände der Israeliten, dann im Jahr 165 v.Chr. an die Ammoniter. Im Jahr 110 v.Chr. gelangte sie nochmals für kurze Zeit unter jüdische Herrschaft, bevor sie schließlich der römischen Provinz Syria angegliedert wurde. In dieser Epoche wuchs ihr Reichtum, die Prunkbauten aus dieser Zeit sind jedoch leider alle zerstört worden. Um so prachtvoller sind die Mosaiken im Mosaikenmuseum und in den Kirchen von Madaba (besonders in der Georgs- und in der Apostelkirche), die zu den kostbarsten Beispielen römischer und byzantinischer Mosaikkunst im gesamten vorderasiatischen Raum gehören. Eine erst vor kurzem gegründete Mosaikschule, deren Arbeit vielversprechend ist, übernimmt heute die Pflege und Restauration der Kunstwerke.

*Die Bewohner der Bergregion oberhalb des Toten Meeres leben von der Landwirtschaft. Heute deutet nichts mehr darauf hin, daß diese beschauliche Hügellandschaft einst Schauplatz der wichtigsten historischen Ereignisse des Landes war.*

*Madaba ist berühmt für Qualität und Originalität seiner Teppiche. Sie werden in der Regel von den Männern an traditionellen Webstühlen gefertigt.*

## DER BERG NEBO

Rund 30 Kilometer südlich von Amman erhebt sich der Berg Nebo. Er setzt sich aus mehreren Hügeln zusammen, deren Gipfel das Tote Meer und das Jordantal überragen. Nach einer frühchristlichen Legende soll auf einem von ihnen, dem 710 Meter hohen Ras es-Syagha, der Prophet Moses beigesetzt worden sein. Das Gipfelplateau befindet sich heute im Besitz des Franziskanerordens, der es 1932 dem jordanischen Emir abkaufte. Die Mönche gründeten auf dem Syagha, neben den Ruinen der Moses geweihten Basilika, ein Kloster. Zu ihren Aufgaben gehört der Erhalt und die Restaurierung der Mosaiken in den zahlreichen Kirchen des Nebo-Gebiets.

*Der biblische Berg Nebo (linke Seite) ist mit dem heutigen Ras es-Syagha (Syagha ist das aramäische Wort für «Kloster») identisch. Kirche und Kloster auf seinem Gipfel bergen römische und byzantinische Mosaiken (links).*

Bereits im 4. Jahrhundert berichtete die römische Nonne Egeria von ihrer Wallfahrt zum Syagha. Nach ihrem Aufbruch aus Jerusalem im Jahr 394 überquerte sie den Jordan, um die Quellen des Moses aufzusuchen und dem Propheten in der ihm geweihten Kirche zu huldigen. Diese Kirche entwickelte sich im Lauf der folgenden Jahrzehnte zu einem der bedeutendsten christlichen Heiligtümer des Orients. Ende des 5. Jahrhunderts wurde sie zu einer byzantinischen Basilika umgebaut und 597 nochmals grundlegend umgestaltet und erweitert. Von dem ursprünglichen Komplex sind nur noch die Grundmauern erhalten geblieben. Der über ihnen errichtete moderne Überbau birgt jedoch prächtige Mosaiken und Inschriften in lateinischer und griechischer Sprache.

Unterhalb der Basilika liegt eine weitere berühmte Ruinenstätte, der Khirbet el-Mekhayat. Hier soll sich die biblische Stadt Nebo befunden haben. Zwei Kilometer südlich davon erhebt sich die byzantinische, den beiden Heiligen Lot und Prokop geweihte Kirche von Khirbet el-Mekhayat. Ihre Mosaiken sind vermutlich um 562, in der Zeit des Erzbischofs Johannes von Madaba, entstanden. Den Inschriften zufolge wurden sie von Gläubigen gestiftet. Zahlreiche vorrömische Gräber in der näheren Umgebung dokumentieren, daß der Platz bereits seit der Eisenzeit besiedelt war.

*Die Franziskanermönche auf dem Berg Nebo haben sich den Erhalt der historischen Denkmäler der Umgebung zur Aufgabe gemacht. Dies kommt unter anderem der großartigen Lot-und-Prokop-Kirche (oben) zugute, deren Prunkstück ein Mosaik mit Jagd- und Ernteszenen ist (unten).*

*Kahle Hügel umgeben den Bergkegel, auf dem sich die Ruinen von Machärus, des prunkvollen Palastes von Herodes dem Großen, erheben. Sein Nachfolger Herodes Antipas ließ hier der Legende nach Johannes den Täufer enthaupten.*

*Die vornehmen Wohnviertel von Umm er-Rasas lagen im Westen. Hier residierten die reichen Geschäftsleute der florierenden byzantinischen Stadt.*

## EL-MESHNEQEH, UMM ER-RASAS, DHAT RAS UND RABBA

Die ehemalige Festung Machärus, arabisch Qasr el-Meshneqeh («Galgenberg») genannt, wurde auf einem Hügel in der Nähe des Dorfes Muqawir errichtet und war bereits im 3. Jahrhundert v. Chr. eine bedeutende Zitadelle. Im Verlauf des 1. Jahrhunderts v. Chr. wurde sie erstmals umgestaltet und befestigt, 30 v. Chr. baute Herodes I. die Verteidigungsanlagen weiter aus. Von der einstmals so mächtigen Festung, die die Karawanenstraßen ins Nabatäerreich kontrollierte, sind nur einige spärliche Ruinen erhalten geblieben. Zu erkennen sind noch die Thermen, die Fundamente des Palastes von Herodes Antipas sowie Fragmente von Türmen und Mauern.

*Beim Rundgang durch das Ruinengelände von Umm er-Rasas stößt man überall auf Spuren der römischen Stadtgründer wie auch der späteren byzantinischen Bewohner.*

Umm er-Rasas war in römischer und byzantinischer Zeit eine bedeutende Stadt, deren über 17 Kilometer lange Stadtmauer noch heute im Trümmerfeld zu erkennen ist. Sie liegt rund 30 Kilometer südöstlich von Madaba. Bei Römern und Byzantinern war sie unter dem Namen Kastron Mefaa bekannt. Sie besaß einen einzigartigen Komplex aus vier Kirchen, von denen die Stephanskirche aus dem 4. Jahrhundert am besten erhalten ist. In der Umgebung der Stadt befinden sich zahlreiche Ruinen von eisenzeitlichen Forts wie etwa ez-Zafaran und Qala Rumeil.

In Dhat Ras – ebenfalls auf dem Plateau über dem Toten Meer gelegen – sind nabatäische und römische Reste, im nahen Rabba Überbleibsel römischer und byzantinischer Großbauten zu sehen.

*Traditionelle Methoden sind auch heute noch in der Landwirtschaft gang und gäbe. Ähnlich wie dieser Landarbeiter pflügt man schon seit vielen Generationen die Felder.*

*Das Ruinengelände von Umm er-Rasas. Ein 14 Meter hoher arabischer Turm (linke Seite) markierte die Grenze zwischen der befestigten Stadt und dem Bereich, in dem die Bauern lebten. Hier scheint die Zeit stehengeblieben zu sein. Überall liegen Alltagsgegenstände wie Vasen, Öfen oder Mühlsteine herum, die nur darauf zu warten scheinen, wieder in Gebrauch genommen zu werden (oben).*

*Bis ins Tertiär hinein lagen weite Teile der Region östlich des Toten Meeres (oben) unter Wasser. Fossilien (rechts), auf die man überall stößt, bestätigen diese Tatsache.*

*Von dem einst florierenden Dhat Ras ist wenig erhalten geblieben. Nur spärliche Überreste aus nabatäischer und römischer Zeit gibt es hier zu entdecken, wie etwa diesen mittlerweile fast vollständig eingestürzten Tempel aus dem 2. Jahrhundert n. Chr.*

*Der römische Haupttempel von Rabba. In den beiden seitlichen Nischen standen einst monumentale Statuen der Kaiser Diokletian und Maximian.*

*Die jordanische Hochebene, hier bei Beidha, wird an ihrer Westkante durch zahlreiche Trockentäler und Wasserläufe zerschnitten.*

# DIE KREUZRITTERBURGEN

*Das tief eingeschnittene Wadi el-Hesa entstand zur Zeit des großen Grabenbruchs zwischen Jordanien und dem Roten Meer.*

*Als die Kreuzritter das Hochland oberhalb des Toten Meeres und der Ebene von Judäa erobert hatten, waren sie vor allem an der Errichtung einer Verteidigungslinie interessiert. Sie sollte zum Schutz ihres Fürstentums Oultrejourdain – so wurde das christliche Jordanien zwischen 1100 und 1150 genannt – dienen. Auf dem Kamm der Berge bauten sie Burgen, die direkt oder durch mehrere kleine Forts miteinander in Sichtkontakt standen. Von diesem Höhenzug aus überwachten sie die wichtige Karawanenstraße zwischen Ägypten und Syrien, die in ihrer langen Geschichte schon den unterschiedlichsten Völkern wie etwa Ägyptern, Hebräern, Griechen, Nabatäern, Römern und Persern als Verbindungsweg gedient hatte.*

*Die gewaltige Kreuzritterburg Kerak erhebt sich auf einem Bergrücken am Rand des jordanischen Hochplateaus.*

## KERAK

Die Festung Kerak wurde unter dem Kreuzfahrerkönig Balduin I. von Bologna zur Hauptstadt des Fürstentums Oultrejourdain. Im Jahr 1136 ordnete sein ehemaliger Mundschenk, Payen le Bouteiller, den Bau der Zitadelle an. Die Festung wurde in weniger als sechs Jahren fertiggestellt. Zuvor standen an diesem ursprünglich moabitisch besiedelten Platz eine nabatäische und eine römische Burg. 1188 nahm nach erbitterten Kämpfen Saladin, der den Nahen Osten vom fränkischen Joch befreite, die Festung ein. 1263 wurde sie von Sultan Baibars I. erweitert. Im Jahr 1840 zerstörten die Osmanen einen Großteil der Befestigungsanlagen.

*Die Burg Kerak (oben) wurde im 12. Jahrhundert von christlichen Kreuzfahrern errichtet, um Transjordanien zu überwachen. In ihrem Innern (unten) vermitteln hohe Gewölbegänge und riesige Küchen noch immer einen guten Eindruck von ihren einstigen Ausmaßen.*

*Das Zelt der Beduinen (links) heißt Beit esh-Shaar, «Haus aus Haaren». Es wird aus gewebtem Ziegenhaar gefertigt und ist für das Leben in der Wüste gut geeignet.*

*Zwischen April und Oktober verwandelt sich die jordanische Hochebene unter der sengenden arabischen Sonne in eine braune Steppe. Die spärliche Vegetation bietet dann selbst den genügsamen Schafen kaum ausreichend Nahrung (beide Bilder).*

*Wie Kerak wurde auch die Burg Shobeq auf einem Hügel an der Westkante der jordanischen Hochebene errichtet. Von hier aus lassen sich die Täler im Osten und auch das Wadi el-Araba überblicken.*

*Die heute noch sichtbaren Mauerreste der Burg Shobeq stammen aus der Zeit der Mamluken. Wie aus Inschriften an den Türmen hervorgeht, ließen sie im 14. Jahrhundert umfassende Restaurierungsarbeiten vornehmen.*

## SHOBEQ UND TAFILA

Kerak war der nördlichste Punkt der fränkischen Verteidigungslinie, die Burg Shobeq schloß sie nach Süden hin ab. König Balduin I. hatte die Festung bereits 1115 errichten lassen, um die Straße nach Petra, die wichtigste Handelsverbindung zwischen Syrien und Ägypten, zu kontrollieren. Auch unter dem Namen Mons Realis bekannt, hielt die Burg zahlreichen Angriffen stand und wurde erst im Jahr 1189, also ein Jahr nach dem Sturz der Festung Kerak, von Sultan Saladin endgültig bezwungen.
Tafila, im Herzen eines fruchtbaren Agrargebiets auf halbem Weg zwischen Kerak und Shobeq gelegen, spielte als Kreuzritterburg nur eine unbedeutende Rolle. Die Burg war eines jener kleinen Forts, die als Verbindungsposten zwischen den großen Festungen

*Eine der beiden Kirchen im Innern der Burg Shobeq.*
*Im frühen 14. Jahrhundert lebten in dieser Festung etwa 6000 Menschen.*

*Nur wenige Touristen besuchen die Ruinen des Wehrturms von Tafila. Zur Zeit der Kreuzzüge gehörte er zu den massivsten fränkischen Befestigungsanlagen.*

dienten. Das moderne Tafila ist eine lebhafte Handelsstadt. Im Ortszentrum ist ein großes Gebäude zu sehen, das zur Zeit der Kreuzzüge als befestigter Wachturm diente.
Saladin zerstörte die von ihm eingenommenen Kreuzritterburgen nicht, sondern nutzte sie für eigene Zwecke. Gleiches gilt auch für spätere Belagerer, vor allem die Mamluken unter ihrem Sultan Baibars I. Diesem Umstand ist es zu verdanken, daß einige der schönsten fränkischen Bauten im Nahen Osten der Nachwelt erhalten geblieben sind. Ab dem 15. Jahrhundert wurden die Kreuzritterburgen jedoch von ihren Bewohnern verlassen und verödeten.

*Die Bergregion über dem Toten Meer war seit der Bronzezeit bewohnt. Spuren menschlicher Besiedelung finden sich in zahlreichen Höhlen und Grotten.*

*Das Südufer des Toten Meeres in der Abenddämmerung. Der Dunst, der tagsüber durch die starke Sonneneinstrahlung entsteht, taucht die Landschaft in ein unwirkliches Licht.*

# DAS TOTE MEER

*Die weiße Salzkruste läßt den Küstenverlauf des Toten Meeres deutlich hervortreten.*

*Das Tote Meer, arabisch Al-Bahr al-Mayit oder Al-Bahr Lut (Loths Meer) genannt, ist ein 75 Kilometer langer und bis zu 16 Kilometer breiter abflußloser Salzsee. Es liegt je zur Hälfte auf israelischem und jordanischem Staatsgebiet. Seine Gesamtfläche beträgt 1015 Quadratkilometer, die mittlere Tiefe rund 400 Meter. Der palästinische Grabenbruch, der die Fortsetzung des afrikanischen Great Rift Valley bildet, erreicht hier seinen Tiefpunkt. Mit seinem rund 390 Meter unter Meereshöhe liegenden Wasserspiegel ist das Tote Meer das am tiefsten gelegene Gewässer der Erde.*

*Der schwarze Schlamm am Ufer des Toten Meeres, mit dem sich die Badenden im Vordergrund einreiben, wirkt wegen seines hohen Mineralgehalts bei vielen Hauterkrankungen heilend.*

## IM REICH VON SALZ UND HITZE

Der Salzgehalt des Toten Meeres beträgt rund 30 Prozent. Das Wasser fühlt sich ölig an, schmeckt bitter und brennt in den Augen. Pflanzliches oder tierisches Leben ist darin unmöglich.
Diesem Umstand hat das Tote Meer seinen Namen zu verdanken. Mit sommerlichen Temperaturen von bis zu 50 Grad gehört seine Umgebung zu den heißesten der Erde. Die starke Verdunstung hat über die Jahrhunderte zum Absinken des Wasserspiegels geführt, gleichzeitig ist der Salzgehalt kontinuierlich gestiegen. Der Jordan und seine Nebenflüsse (ein Teil des Yarmuk-Wassers speist den East-Ghor-Kanal) führen dem See nicht genügend Wasser zu, um diesen Verdunstungseffekt auszugleichen.
Ein Besuch am Toten Meer lohnt sich – neben der heilenden Wirkung des Wassers und des salzhaltigen Schlamms bei Hauterkrankungen – insbesondere wegen des einzigartigen Badeerlebnisses. Die Wasserdichte und der Mineralgehalt des Wassers bewirken einen starken Auftrieb, der selbst Nichtschwimmern ein müheloses Gleiten auf der Wasseroberfläche ermöglicht und die Gefahr zu ertrinken fast ausschließt. Man kann die abenteuerlichsten Verrenkungen vollführen, ohne dabei unterzugehen.

*Im Wasser des Toten Meeres ist kein organisches Leben möglich. Wegen des unaufhaltsam sinkenden Wasserspiegels ist das Austrocknen des Gewässers nur noch eine Frage der Zeit.*

*Bei Safi, im Süden des Toten Meeres, erstrecken sich riesige Verdunstungsbecken, in denen Pottasche gewonnen wird. Wie ein Überbleibsel aus einer vergangenen Zeit mutet diese vorbeiziehende Dromedarherde an.*

*Die schwefelhaltigen Thermalquellen von Hammamet Main (oben und rechte Seite) waren schon in der Antike bekannt. Ihre medizinische Heilwirkung zieht heute auch viele ausländische Kurgäste an.*

## POTTASCHE UND HEISSE QUELLEN

Die Umgebung des Toten Meeres ist karg und eintönig, stellenweise gleicht sie fast einer Mondlandschaft. In diesem Teil des palästinischen Grabenbruchs zeugen zahlreiche Thermalquellen von einer starken tektonischen Aktivität der Erde.
Schon seit der Antike bekannt sind die Quellen von Hammamet Main, die in den Bergen am Nordostufer des Toten Meeres entspringen. Neben der 25 Meter hohen Kaskade, die sich über gelblich-grüne Sinterablagerungen ergießt, wurde ein Thermalbad mit Kurbecken und natürlichen Saunen errichtet, das besonders bei wohlhabenderen Jordaniern sehr beliebt ist.
Nur wenige Kilometer entfernt liegen die berühmten Quellen des antiken Kallirhoë und heutigen Ain ez-Zara, die schon zu Herodes'

*Vor ungefähr zehn Jahren wurde bei Mazra von der jordanischen Regierung mit internationaler Unterstützung ein Projekt initiiert, dessen Ziel die Ansiedlung von salz- und trockenresistenten Nutzpflanzen in der Umgebung des Toten Meeres ist.*

Zeiten viele Besucher anzogen. Der jüdische König selbst suchte kurz vor seinem Tod Genesung an den heißen Quellen – so berichtet es wenigstens der Historiker Flavius Josephus. Heute kommen Neurodermitiker und Psoriasiskranke zum Salt Land Village, um im reizarmen Klima des Toten Meeres Heilung zu finden.
Südlich des Toten Meeres gibt es riesige Pottasche-Vorkommen. Die Salze werden in gigantischen, mehr als 10000 Hektar großen Verdunstungsbecken gewonnen. Im Jahr 1982 errichtete die A.P.C. (Arab Potash Company) in Safi einen gewaltigen Industriekomplex, in dem jährlich annähernd 1,5 Millionen Tonnen Pottasche verarbeitet werden. Mit diesem Aufkommen steht Jordanien als Produzent von Kaliumkarbonat weltweit auf Rang acht.

*Der Fluß Zarqa ist im Frühsommer nur noch ein schmales Rinnsal, dessen Ufer spärlich mit Pflanzen bewachsen sind.*

*Immer schon war die Gegend um das Tote Meer besiedelt – zumeist von Völkern, die sich aus den unterschiedlichsten Motiven heraus bewußt für ein Leben in dieser extrem unwirtlichen, aber «göttlich geprägten» Umgebung entschieden.*

# DIE WÜSTE

*Fast 80 Prozent des jordanischen Staatsgebiets ist von Wüste bedeckt. Grob gesagt gehört alles, was sich östlich der Achse Ramtha – Amman – Maan – Aqaba befindet, zur jordanischen Wüste. Diese wiederum gliedert sich in zwei charakterlich völlig unterschiedliche Teile: Während im Norden, der die Fortsetzung der syrischen und irakischen Wüstengebiete bildet, endlose Steinflächen das Landschaftsbild beherrschen, ist der Süden eine riesige Sandwüste, die immer wieder von massiven Felsformationen durchsetzt ist. Sie geht in die saudi-arabische Wüste Nefud über.*

*Das karge Wadi el-Araba beeindruckt den Besucher mit seiner spröden Schönheit.*

# DIE KULTUR DER BEDUINEN

*Die Ausläufer des Djebel Mubrak werden durch die Abendsonne in rötliches Licht getaucht.*

*Die Ureinwohner Jordaniens waren sogenannte «badawi», zu deutsch Wüstenbewohner, Nomaden. Daß ihre Ahnen Beduinen waren, ist in der Gesellschaft noch immer gegenwärtig, obgleich nur noch wenige Menschen wie ihre Vorfahren leben. Die meisten der heute 40000 Beduinen sind mittlerweile am Rand der Wüste, in der Nähe der großen Städte, seßhaft geworden. Einige von ihnen verbringen den heißen Sommer in der Stadt und kehren im Winter, wenn die Vegetation wieder grün geworden ist, mit ihren Herden in die Wüste zurück. Die Zahl der echten Nomaden liegt bei knapp viertausend. Ihre Heimat ist die Wüste im Süden und Osten des Landes, wo sie mit ihren Dromedar-, Ziegen- und Schafherden auf der Suche nach immer neuen Weideplätzen und Wasserstellen umherziehen.*

## DAS LEBEN IN DER WÜSTE

Die Beduinenfamilien leben im Beit esh-Shaar («Haus aus Haaren»), einem großen schwarzen Zelt aus Ziegenhaar, das für die harten Lebensbedingungen in der Wüste bestens geeignet ist. Wasserstellen sind dünn gesät und liegen entlang der uralten Routen, auf denen sich die Nomaden seit vielen Generationen fortbewegen.
Die kargen Weideplätze sind bald abgefressen, daher besteht die Hauptaufgabe der Männer darin, neue ausfindig zu machen. Die beduinische Stammesgesellschaft beruht auf ehernen Gesetzmäßigkeiten und absoluter Gleichheit. Tragende Einheit ist der nach einem streng patriarchalischen System aufgebaute Stamm (beit), dessen Familien ihre Herkunft auf einen gemeinsamen Urahn, den Stammesvater, zurückverfolgen können. Jeder Stamm teilt sich in ver-

*Diese Beduinenfrauen palästinensischer Herkunft (oben) tragen die in ihrer Heimat üblichen Gewänder. Ihre Führer haben sich dazu entschlossen, das israelisch besetzte Gebiet zu verlassen und sich den in Jordanien lebenden Mitgliedern ihres Stammes anzuschließen, die vor allem von der Schafzucht leben (linke Seite).*

*Der Beduinenhaushalt liegt ganz in den Händen der Frau (oben links). Nur das Zerstampfen der Kaffeebohnen im Mörser (oben rechts) ist traditionell die Aufgabe des Mannes – er ist es auch, der seinen Gästen Tee und mit Kardamom gewürzten Kaffee serviert (unten).*

schiedene Gruppen und Untergruppen auf. Zu einem Clan etwa gehören nach einer uralten Regel «alle Söhne des Onkels bis ins fünfte Glied». Kleinste Stammeseinheit ist die erweiterte Familie (hamulah) eines Patriarchen, der die absolute und von allen respektierte Autorität besitzt. Stirbt das Familienoberhaupt, so übernehmen Sohn oder Bruder ersatzweise diese Funktion. Ein derart starr durchorganisiertes gesellschaftliches Gefüge ist unabdingbar, um im menschenfeindlichen Umfeld der Wüste existieren zu können, denn

*Die traditionelle Kopfbedeckung der arabischen Beduinen heißt «keffiye». Farbe, Muster und Trageweise variieren von Region zu Region. Die jordanischen Beduinen verknoten meist beide Enden des Tuches auf dem Kopf, so daß nur das Gesicht zu sehen ist.*

der einzelne hat hier keine Überlebenschance. Die Anzahl der Zelte in einem Lager variiert, je nachdem, ob die Bewohner gerade umherziehen oder sich zu einem der zahlreichen Feste und Treffen versammelt haben. Eine einzelne Familie kommt mit fünf bis zehn Zelten aus, eine Stammeseinheit, die aus mehreren Clans besteht, benötigt achtzig bis zweihundert, ein ganzer Stamm umfaßt zwischen fünf- und achthundert Zelte. Der Patriarch der größten Familie, genannt «sayd» (Herr) oder «sheikh» (Ältester), ist gleichzeitig auch das Oberhaupt des gesamten Stammes.

Zu den größten jordanischen Stämmen gehören die Howeitat, die Ruwala und die Beni Hasan, die in einem riesigen Gebiet zwischen Syrien und Saudi-Arabien umherziehen. Die Beni Sakhr beschränken sich als einzige auf jordanisches Staatsgebiet.

*Ursprünglich sollte die jordanische Wüstenpolizei unter den rebellischen Nomadenstämmen für Ordnung sorgen. Heute besteht ihre Hauptaufgabe darin, die Grenzen im Osten und Süden zu überwachen, wo Schmuggel und Drogenhandel an der Tagesordnung sind.*

*Seit der Gründung der Elitekorps tragen die Reittiere Geschirr und Sattelzeug in den traditionellen Farben der Beduinen. Nur die Uniform der Soldaten ist – abgesehen von einer rotweißen arabischen Kopfbedeckung und einem roten Gürtel – in militärischem Khaki gehalten.*

## DIE ELITE DER JORDANISCHEN ARMEE

Die Beduinenkorps sind der Stolz der jordanischen Armee. Die Nomaden waren von jeher gefürchtete Kämpfer und setzten sich gegen all jene, die ihre Unabhängigkeit bedrohten, zur Wehr. Einziger Schwachpunkt sind die ewigen, nicht selten blutig ausgetragenen Stammesquerelen. Der erste, der – mit einigem Erfolg – versuchte, die Stämme zu einen, war der legendäre Lawrence von Arabien. Während des Ersten Weltkriegs stellte der britische Offizier eine beduinische Kavalleristen- und Kamelreitertruppe auf, die sich im Kampf gegen die Türken glänzend bewährte. Daraufhin wurden weitere Versuche unternommen, diese fähigen Soldaten in die nationale Armee zu integrieren. Das Problem bestand darin, sie davon zu überzeugen, daß sie einem Militärbefehlshaber zu gehorchen hatten, der meist nicht aus ihren Reihen stammte. Hierfür mußte die Einwilligung der Scheichs eingeholt werden, die diese jedoch meist verweigerten. König Abdullah fand schließlich die Lösung. Er beauftragte den Engländer Glubb Pasha mit der Ausbildung beduinischer Kader für beduinische Truppen in ähnlicher Weise, wie dies schon Lawrence von Arabien praktiziert hatte. So wurde 1923 mit dem Einverständis der wichtigsten Stammesoberhäupter die le-

*Dieses kleine Fort (oben) ist das Hauptquartier der berittenen Wüstenpolizei, die als Nachfolgeorganisation aus den ersten von Lawrence von Arabien aufgestellten Beduinenkorps hervorgegangen ist. Soldaten (rechte Seite), ausgerüstet mit Dolch und Patronenhalfter, bewachen den Eingang.*

gendäre Arabische Legion gegründet. Abdullahs Enkel, der heutige König Hussein, hat diese Praxis fortgesetzt und sich damit die Loyalität der Nomaden gesichert. Er machte die beduinischen Elitekorps, deren Uniform er selbst gern bei offiziellen Anlässen trägt, zum Stoßtrupp seiner Armee. Berühmt sind die Kamelreiter der Wüstenpolizei (Desert Camel Corps), die heute die Grenzen zum Irak und zu Saudi-Arabien überwacht – im PS-starken Jeep, versteht sich. Modernität verpflichtet!
Die Arabische Legion ist dem König mit Leib und Seele ergeben. Sie hat sich schon mehrfach im Einsatz bewährt und ist seit ihrer Gründung, mehr als jede andere arabische Armee des Nahen Ostens, immer vollkommen unbeeinflußt von nationalistischen oder republikanischen Strömungen geblieben. Sie ist und bleibt auch in der heutigen Zeit die sicherste Garantin des haschemitischen Throns.

*Der nördliche Teil der jordanischen Wüste besteht aus endlosen, monotonen Steinfeldern, die sich unter der sengenden Wüstensonne bräunlich verfärbt haben.*

# DIE WÜSTENSCHLÖSSER

*Eine der beiden Steintreppen, die ins Obergeschoß der Burg el-Kharaneh führen.*

*Der nördliche Teil der jordanischen Wüste präsentiert sich als monotone Steinlandschaft. Sie wird von der Trans Arabia Pipeline und der Fernstraße in den Irak durchquert. Die einzigen größeren Ortschaften an dieser Strecke sind Safawi und Ruwayshid, die 170 bzw. 280 Kilometer von Amman entfernt liegen. Touristische Höhepunkte in dieser trostlosen Gegend sind die omayyadischen Wüstenschlösser, die einst von fruchtbaren Feldern und üppigen Wäldern umgeben waren.*

*Die Zahl der Nomaden in der nordjordanischen Wüste ist stark zurückgegangen. Viele haben sich in der Peripherie der Großstädte niedergelassen und entfernen sich unter dem Einfluß der modernen westlichen Welt zunehmend vom Lebensstil ihrer Vorfahren.*

*Qasr el-Mshatta sollte einmal das größte und prunkvollste aller omayyadischen Wüstenschlösser werden. Aus bis heute ungeklärten Gründen wurde es jedoch nicht fertiggestellt.*

*Qasr el-Mshatta war auf einem quadratischen Grundriß konzipiert. Runde Türme verstärkten die Ecken.*

## JAGDPAVILLONS UND WINTERRESIDENZEN

In einem Umkreis von rund 100 Kilometern um die Hauptstadt Amman stehen einige arabische Burgen, deren Architektur verblüffend an die omayyadischen und abbasidischen Schlösser Syriens erinnert. Sie wurden zwischen dem 7. und 8. Jahrhundert auf Anweisung der verschiedenen omayyadischen Herrscher von Damaskus erbaut – als Jagdpavillons, Winterresidenzen oder befestigte Paläste. Zur Zeit ihrer Errichtung war die Gegend besser mit Wasser versorgt als heute, es gab Felder und grüne Wälder mit einem reichen Wildbestand. Drei Schlösser sind wegen ihres guterhaltenen Zustands besonders sehenswert: Qasr el-Mshatta, Qasr el-Kharaneh und Qusair Amra. Sie wurden in erstaunlich kurzer Zeit errichtet, was auf extrem harte Arbeitsbedingungen schließen läßt.
Qasr el-Mshatta liegt nur 2 Kilometer von Ammans Flughafen entfernt. Die von al-Walid II. in Auftrag gegebene Burg wurde nie ganz fertiggestellt – der omayyadische Kalif soll während eines Aufstands seiner Arbeiter ermordet worden sein. El-Mshatta war das größte und schönste Wüstenschloß. Seine Fassade war mit prächtigen Skulpturen verziert, die heute fast alle verschwunden sind.
In Qasr el-Kharaneh läßt sich die Aufteilung der Räume noch sehr gut nachvollziehen. Die Verzierungen an den Wänden vermitteln einen Eindruck vom Prunk und der Raffinesse, mit der die omayyadischen Herren selbst ihre Zweitresidenzen gestalteten.
Qusair Amra ist von allen jordanischen Wüstenbauten das am besten erhaltene. In den drei großen Hallen sind wunderschöne Fresken zu sehen. Amra wurde von Kalif Walid I. als Jagdpavillon errichtet. Sein Hammam, das sich an römischen Vorbildern orientiert, ist ein typisches Beispiel für ein frühes arabisches Bad.

*Qasr el-Kharaneh war auch gegen Angriffe gewappnet; Ecktürme und die Halbtürme an allen vier Seiten belegen dies (oben). Ein Medaillonfries aus Stuck schmückt die Wände der Gemächer im Obergeschoß (unten).*

## BEFESTIGTE PALÄSTE

Neben den bereits erwähnten Burgen gab es noch weitere, die eher als kleine Festungen konzipiert waren. Sie mußten Verteidigungsanlagen haben und gegen Angriffe gewappnet sein und den omayyadischen Herrschern gleichzeitig den für sie so unerläßlichen Komfort und Luxus bieten. Zu den Schlössern, die beiden Anforderungen gerecht wurden, zählten Qasr el-Hallabat und Qasr el-Azraq. Ihre Geschichte reicht oft weit in die Vergangenheit zurück. Sie wurden auf den Fundamenten von Vorgängerburgen errichtet, die ihrerseits oftmals auf noch älteren Ruinen standen.

*Vom Qusair («Schlößchen») Amra sind eine Audienzhalle, ein Badehaus (Hammam) und eine Zisterne übriggeblieben.*

An der Stelle von Qasr el-Hallabat stand bereits im 2. Jahrhundert ein römisches Kastell; auch ein nabatäisches Fort konnte an diesem Platz nachgewiesen werden. Eine lateinische Inschrift verweist auf die Erweiterung im 3. Jahrhundert, ehe im 7. Jahrhundert die Byzantiner den Bau in ein befestigtes Kloster umwandelten. Später verstärkten die Omayyaden die Verteidigungsanlagen und bauten die Burg zu einem Palast aus. Von diesem Komplex ist heute außer der Moschee wenig zu sehen. Sehr viel mehr ist vom nur wenige Kilometer östlich gelegenen Hammam es-Sarakh erhalten geblieben. Dieses Badeschlößchen, das als Ausgangspunkt für Jagdausflüge und Zusammenkünfte mit Beduinenscheichs genutzt wurde, restaurierte man im 20. Jahrhundert umfassend.
In der Nähe der Stadt el-Azraq erhebt sich das aus schwarzem Basalt erbaute Schloß gleichen Namens. Ursprünglich stand hier ein römisches Fort aus dem 4. Jahrhundert, der Ort scheint jedoch bereits in früherer Zeit bewohnt gewesen zu sein. Insbesondere griechische und nabatäische Überreste deuten darauf hin. Im 13. Jahrhundert restaurierten die Ayyubiden die Burg und gaben ihr ihre heutige Gestalt. Während des Ersten Weltkriegs spielte sie als Hauptquartier des Lawrence von Arabien, der hier 1917/18 vor dem Sturm auf Damaskus überwinterte, eine wichtige Rolle.

*Fresken aus dem 8. Jahrhundert schmücken die Wände der Audienzhalle von Qusair Amra. Überraschend sind Motive wie Porträts, nackte Frauen und Tänzer, denn die Abbildung von Menschen ist nach dem islamischen Glauben verboten.*

*Das Wüstenschloß el-Hallabat. Lateinische und griechische Inschriften belegen, daß an seiner Stelle zuvor ein römisches Fort stand, das von den Byzantinern im Jahr 529 restauriert wurde (beide Seiten).*

*Die dunklen Basaltmauern von Qasr el-Azraq heben sich deutlich vom gelben Wüstensand ab. Ihre endgültige Gestalt erhielt die Burg zu Beginn des 13. Jahrhunderts unter den Ayyubiden.*

Das moderne Azraq liegt in einer Oase mit der einzigen Wasserstelle im Osten des Landes. In den einst ausgedehnten Sümpfen machen viele Zugvögel auf ihrem Flug von Europa nach Afrika eine Zwischenstation. Seit der Wasserspiegel durch Grundwasserentnahmen gesunken ist, ist die Zahl der Vögel allerdings erheblich zurückgegangen. Rund 10 Kilometer von der Stadt entfernt liegt das Wildschutzgebiet Shaumari. Hier sollen vom Aussterben bedrohte Tiere geschützt und früher hier lebende Arten wieder heimisch gemacht werden. Die besondere Aufmerksamkeit gilt der Oryxantilope, die seit Anfang des Jahrhunderts in Jordanien so gut wie ausgestorben war. Auch andere Wiedereinbürgerungsprojekte für Strauß und Wildesel waren erfolgreich.

*Details des Wüstenschlosses Qasr el-Azraq:*
*eine ayyubidische Inschrift über dem Haupteingang (links oben) aus der Zeit des Herrschers Izz ad-Din Aybak, in den Steinboden eingelassene Spielfelder, wahrscheinlich aus römischer Zeit (links unten), sowie monumentale, mehrere Tonnen schwere Türen (rechts).*

*Das Wildschutzgebiet Shaumari wurde 1975 eröffnet.*
*Die jordanische Regierung hat hier ein Projekt zur Wiedereinbürgerung von Wildtierarten, die in Jordanien seit den zwanziger Jahren so gut wie ausgestorben waren, gegründet. Heute sind im Reservat wieder Oryx- (linke Seite) und Säbelantilopen, Wildesel und Strauße (oben) in freier Wildbahn zu sehen.*

*Das Gebiet um den Djebel Rum gehört zu den schönsten Wüstenregionen der Erde. Der Reichtum an Farben und Formen in dieser Landschaft zieht den Besucher unweigerlich in ihren Bann.*

# FASZINATION WADI RUM

*Im Lauf der Jahrtausende haben sich durch Erosion gigantische Brücken und Bogen aus den Sandsteinmassiven herausgebildet.*

*Das Wadi Rum ist ein absolutes Muß für den Jordanienbesucher. Wer hier achtlos vorüberfährt, versäumt eines der großartigsten Naturwunder des Nahen Ostens. Die bizarren Felsformationen, die besonders in der Abend- und Morgensonne in allen Rotschattierungen leuchten und eindrucksvoll mit dem Beige des Wüstensandes kontrastieren, haben schon in der Antike die Menschen fasziniert. Diese Region ist im wahrsten Sinn des Wortes das Tor zur großen Arabischen Wüste – dahinter liegt eine Welt, auf deren verborgenen Pfaden sich nur noch die Beduinen zurechtfinden.*

*Zu Füßen der roten Sandsteinfelsen schlugen Menschen aus vorgeschichtlicher Zeit und arabische Nomaden ebenso wie die Truppen des Lawrence von Arabien ihr Lager auf. Heute ziehen die Steinformationen Besucher aus aller Welt an.*

*Die Region war einst fruchtbar und wurde von zahlreichen Gewässern durchzogen. Flüsse, die schon seit langem ausgetrocknet sind, haben gewaltige Schluchten hinterlassen, die zum Teil mehrere hundert Meter tief sind.*

## EIN MAGISCHER ORT

Um das Wadi Rum rankt sich eine Vielzahl von Legenden. Einige berichten von furchterregenden Wüstengeistern, den «djinn», andere von sagenhaften Städten, die verborgen unter dem Sand liegen. Im allgemeinen Sprachgebrauch steht das Wadi Rum meist stellvertretend für den gesamten Djebel Rum, eine Folge kleinerer Bergmassive, deren höchster Gipfel mit 1754 Metern aus dem Sand aufragt. Sie sind aus Granit und Sandstein aufgebaut. Der dunkelgefärbte Granit bildet den Sockel des Massivs, der rötliche Sandstein die Gipfel. Diese Schichtung ist auch der Grund für die große Zahl von Quellen im Wadi Rum: Regenwasser durchdringt den porösen Sandstein, bis es auf den undurchlässigen Granit stößt; auf diesem Untergrund fließt der Niederschlag dann zur Ebene hin ab, wo dann die Quellen entspringen. Der Landstrich entstand vor etwa 30 Millionen Jahren; damals trennte ein großer geologischer Bruch die zusammenhängenden Massive und riß gewaltige Schluchten auf. Zu Füßen der Berge liegt das winzige Dorf Rum, in dem einige Beduinenfamilien leben – teils in kleinen weißen Flachdachhäusern, teils im traditionellen schwarzen Ziegenhaarzelt. Historische Bedeutung erlangte das Wadi Rum durch Lawrence von Arabien, der hier mit seinen Beduinenkorps im Jahr 1917 Station machte. In Rum befindet sich das Fort des Desert Camel Corps, das die Nachfolge der von Thomas Edward Lawrence (1888–1935) gegründeten Beduinentruppe angetreten hat. Seine Hauptfunktion besteht in der Überwachung der Grenze zu Saudi-Arabien.

*Sonnenuntergang im Wadi Rum. Felswände und Wüstensand werden in rötliche Glut getaucht; vor dem Horizont zeichnet sich die Silhouette der Gebirge mit ihren bizarren Formen ab.*

*Durch Erosion entstanden dieser Steinbogen in der Nähe von Rum (oben) und eine Brücke in der Umgebung von Disi (rechte Seite, oben).*

*Am Eingang zum schmalen Wüstental von Rum. Lawrence von Arabien hat ihn so geschildert: «Beide Seiten rückten ... zusammen; und dann, allmählich sich auftürmend bis zu tausend Fuß über uns, liefen diese beiden parallelen Felsmauern in meilenlanger Avenue dahin.»*

*Das kleine Dorf Rum liegt unterhalb des Berges gleichen Namens.*

*Zu Füßen des Djebel Rum sind die Reste eines nabatäischen Tempels aus dem 1. Jahrhundert n. Chr. zu sehen.*

*Im Gebiet um das Wadi Rum stößt man überall auf thamudische, kufische und beduinische Inschriften und Felszeichnungen.*

*In der Umgebung von Tweisah und Disi sind ausgeklügelte Systeme zum Auffangen des kostbaren Regenwassers erhalten. Schon in sehr früher Zeit machten sich die Menschen beim Bau dieser Wasserleitung die natürliche Neigung der Felsen zunutze.*

## FRÜHE SIEDLUNGSSPUREN

Das Gebiet von Rum ist reich an archäologischen Zeugnissen. Allerdings muß man für ihre Besichtigung viel Zeit einplanen, da die Sehenswürdigkeiten weit auseinander liegen und schwer zugänglich sind. Wer dies berücksichtigt, wird viele thamudische, nabatäische, beduinische und kufische Inschriften und Felszeichnungen sowie Heiligtümer und Grabstätten aus vorislamischer Zeit entdecken. Sie lassen darauf schließen, daß diese Gegend früher weitaus stärker besiedelt war als heute. Über Jahrhunderte war das Wadi für Beduinen und Karawanen die Passage zur Arabischen Halbinsel und lag im Zentrum des nabatäischen Handelsimperiums.

*Das Versiegen zahlreicher Wasserquellen hat dazu geführt, daß viele Dörfer im Wadi Rum inzwischen verlassen sind. Nur verfallene Steinmauern erinnern noch daran, daß hier früher Menschen siedelten.*

*Die Nabatäer errichteten zahlreiche Staubecken (oben) an Quellen oder kleinen, heute längst ausgetrockneten Flüssen. Das Rinnsal (rechte Seite), das sich hier seinen Weg durch die Steine einer antiken Staumauer gebahnt hat, stammt wahrscheinlich aus einer unterirdischen Quelle.*

Etwas weiter südöstlich liegen die kleinen Dörfer Disi und Tweisah. In ihrer Umgebung gibt es zahlreiche Reste antiker Staumauern, die teils von den Nabatäern, teils von den Römern errichtet wurden, um das kostbare Naß aufzufangen. An verschiedenen Stellen kann man Ruinen von Brücken, Tempeln und Gräbern sowie alte Felsgravuren entdecken.
In der Nähe von Disi wurde auch der topographische Stein des Djebel Amud gefunden. Die große Steintafel ist mit Furchen und Senken überzogen, die sich zu einem Muster zusammenzufügen scheinen. Einige Paläontologen vermuten, daß diese Tafel eine steinerne Landkarte darstellt, auf der neolithische Siedlungen sowie der Verlauf von Wadis verzeichnet sind.

*Im Dunst der Sommersonne verschwimmen die Umrisse der niedrigen, hell getünchten Häuser von Disi mit dem Wüstensand.*

*Nicht umsonst trägt Petra den Beinamen «verborgene Stadt».
Sie wurde – von außen vollkommen uneinsehbar – von den Nabatäern in
diesem Talkessel erbaut.*

*Der Große Opferplatz in Petra. Der Gipfel des Zibb Atuf wurde für diese Kultstätte abgetragen und planiert. Die Rinnen neben dem Altar dienten zum Auffangen des Blutes geopferter Tiere.*

# PETRA: DIE ROSAROTE STADT

*Ed-Deir, wörtlich «das Kloster», ist wohl das imposanteste Monument Petras. Die Tempelfassade ist mit einer Fläche von fast 2300 Quadratmetern die größte der Stadt.*

*Petra ist ohne Zweifel das bedeutendste Kulturdenkmal Jordaniens. Jedes Jahr zieht die eindrucksvolle tote Stadt, die einst das Zentrum eines riesigen Handelsimperiums war und mit Rom zu rivalisieren wagte, Tausende von Besuchern aus aller Welt in ihren Bann. Petra – der Name kommt aus dem Griechischen und bedeutet «Fels» – liegt im Wadi Musa, umgeben von in Rot-, Rosa- und Violettönen schimmernden Felsen. Der Talkessel ist sehr schwer zugänglich, und von außen ist die Sicht auf die Stadt vollkommen verdeckt. Petra war ein Etappenziel an der Karawanenstraße, die sechs Jahrhunderte lang das Rote Meer über die nordarabische Wüste mit dem Mittelmeer verband.*

*Zu den schönsten Grabstätten Petras gehören das «Bunte Grab» (auch «Seidengrab»), das eine stark verwitterte, farbig gebänderte Halbsäulenfassade besitzt (links), und das prächtig verzierte Mausoleum des Sextius Florentinus, das für den römischen Gouverneur der Provinz Arabia Petraea geschaffen wurde (rechts).*

*Auf der Suche nach neuen Weidegründen durchstreift dieser kleine Beduine mit seinem Esel und seinen Schafen die geschichtsträchtigen Ruinenfelder der alten nabatäischen Hauptstadt.*

*Viele große Grabstätten in der sogenannten Theaternekropole sind unvollendet geblieben. Die Totenstadt liegt im Süden der Königswand, einer Reihe imposanter, in den Fuß des el-Khubta-Massivs eingemeißelter Grabfassaden.*

*Zwei Obelisken auf dem Zibb Atuf mit Ritzzeichnungen.*
*Umstritten ist ihre Bedeutung: Sie werden von den verschiedenen Forschern als nabatäische Gottheiten, Totenmale oder einfach als Steinbruchmarkierungen ohne kultische Bedeutung interpretiert.*

*Die Königswand am Fuß des Djebel el-Khubta. In der Mitte das imposante «Urnengrab», dessen Vorplatz von zwei übereinander angeordneten Gewölbereihen getragen wird.*

*Das «Palastgrab» (auch «Stockwerkgrab») ist einem fürstlichen Palast des hellenistischen Orients nachempfunden. Die linke obere Ecke wurde aufgemauert, da für diesen Teil der Fassade der Felsen nicht ausreichte.*

## DAS NABATÄISCHE HANDELSIMPERIUM

Obwohl Ausgrabungen eine durchgängige Besiedelung der Region um Petra seit dem 8. Jahrtausend v. Chr. belegen, ist über die Zeit vor 1200 v. Chr., als sich die Edomiter hier vorübergehend niederließen, so gut wie nichts bekannt. Nach einer langen Periode der Instabilität fanden die aus Westarabien stammenden Nabatäer im 6. Jahrhundert v. Chr. hier eine neue Heimat und machten diesen Platz zur Hauptstadt ihres Reiches. Die Nabatäer waren ursprünglich ein räuberisches Nomadenvolk semitischen Ursprungs. Nachdem sie seßhaft geworden waren, stellten sie ihre Raubzüge ein und lebten von Straßenzöllen der Karawanen. In kurzer Zeit schufen sie ein mächtiges Königreich, das den Neid der Nachbarvölker auf sich zog. Ein Angriff der Seleukiden im Jahr 312 v. Chr. endete mit der Niederlage der Eindringlinge. Anderen Feinden erging es ähnlich, und so konnte sich der nabatäische Machtbereich bis an die syrischen Grenzen ausdehnen. Das Nabatäerreich war weniger ein militärisches Imperium wie das Römische Reich als vielmehr eine perfekt durchorganisierte wirtschaftliche Einflußzone, deren Reichtum auf der Kontrolle der Karawanenstraßen und dem Handel mit Weihrauch, Myrrhe, Gewürzen und Seide beruhte.

*Monumentale Zinnenfriese und Treppenfassaden verzieren die Gräber der Theaternekropole, Petras ältestem Friedhof. Die hier gezeigten Begräbnisstätten befinden sich in der «Straße der Fassaden» am Fuß der Ostflanke des Djebel Madbah.*

*Der Eingang zu einem der großen, in späterer Zeit entstandenen Gräber westlich der Khazne («Schatzhaus»).*

*Das Theater von Petra wurde von den Nabatäern erbaut und unter römischer Herrschaft umgestaltet und erweitert. Achttausend Zuschauer fanden auf den vierzig Steinbänken des Auditoriums Platz.*

## DER KAMPF MIT ROM

Im Verlauf des 1. Jahrhunderts v. Chr. drangen die Römer in den Nahen Osten vor. Da die Nabatäer mit ihnen um die Handelsmacht in diesem Gebiet konkurrierten, entschloß sich Rom zur Annektierung des Nabatäerreichs. Durch diplomatisches Geschick gelang es König Aretas III., die Konfrontation hinauszuzögern und die Unabhängigkeit seines Reiches noch eine Zeitlang zu gewährleisten. Die Strategien seiner Nachfolger variierten zwischen Kooperation mit der Großmacht und Provozierung des offenen Konflikts. König Malichus II. beging den Fehler, um das Jahr 40 auf parthischer Seite in den Krieg zwischen Römern und Parthern einzugreifen. Er hielt den Moment für gekommen, sein Volk endgültig vom römischen Joch zu befreien. Der Plan schlug fehl – die Römer siegten

*Der Hauptweg nach Petra führt durch eine natürliche Felsspalte. Die stellenweise nur zwei Meter breite Schlucht – der Sik – folgt dem Verlauf eines ausgetrockneten Flußtals.*

und gingen mit aller Härte gegen das Nabatäerreich vor, das zu jährlichen Tributzahlungen verpflichtet wurde. König Malichus III. versuchte, durch Unterstützung der römischen Expansionspläne wieder größere Freiheiten für sein Volk zu erreichen. Dennoch wurde das Nabatäerreich im Jahr 106 endgültig annektiert. Damit begann auch der Niedergang von Petra.
In byzantinischer Zeit wurde die Stadt Bischofssitz, geriet dann jedoch in Vergessenheit. Als im 7. Jahrhundert muslimische Soldaten Petra einnahmen, war es zu einem Marktflecken geworden. Im 12. Jahrhundert hatten die Kreuzfahrer hier einige Garnisonen stationiert; aus dieser Zeit stammen die heute noch sichtbaren Reste eines fränkischen Forts. Nachdem die letzten Soldaten dieser Besatzungstruppe abgezogen waren, verödete Petra vollkommen.

*Am Ende des Sik öffnet sich der Blick auf die rosarote Fassade der Khazne («Schatzhaus»). Nicht umsonst ist dieses monumentale, aus dem 2. oder 3. Jahrhundert stammende Grab das Wahrzeichen Petras.*

*In den engen Tälern des Bergkessels, der Petra umschließt, gibt es eine Vielzahl kleiner Heiligtümer zu entdecken (beide Seiten).*

## DIE VERBORGENE STADT

Um Eindringlinge fernzuhalten, verschwiegen die Bewohner der Region fünf Jahrhunderte lang die Existenz Petras. Vollständig von Bergen aus rotem Fels eingeschlossen, schlummerte die antike Stadt unter dem Mantel des Vergessens, bis sie 1912 von dem Schweizer Forscher Johann Ludwig Burckhardt wiederentdeckt wurde. Die Ausgrabungen offenbarten die ganze Pracht der alten Stadt. Das mittlerweile freigelegte und in Teilen restaurierte Petra ist das großartigste Kunstdenkmal, das Jordanien, wenn nicht gar der gesamte Nahe Osten, zu bieten hat.

Der Rundgang durch Petra führt zunächst vorbei an monolithischen Blockgräbern und dem großen Obeliskengrab. Anschließend gelangt man in den sogenannten Sik, ein enges ausgetrocknetes Flußtal, das sich auf 3 Kilometer Länge zwischen imposanten, 200 Meter hohen Felswänden entlangzieht. Am Fuß der Felsen erkennt man Reste der Wasserrinne von Ain Musa (Mosesquelle), die Trinkwasser ins Stadtgebiet leitete. Hier soll der Überlieferung nach Moses mit seinem Stock eine Quelle aus dem Fels geschlagen haben. Am Ende des Flußtals taucht die majestätische, rotschimmernde Fassade der Khazne Firaun («Schatzhaus des Pharao») auf. Dieser Phantasiename wurde von Beduinen im vorigen Jahrhundert geprägt. Die heutigen Bewohner verwenden die Bezeichnung el-Jarra, «Urne». Fachleute sind sich uneins darüber, ob dieses Grabmonument im 1. Jahrhundert v. Chr. oder erst sehr viel später, im 2. Jahrhundert n. Chr., in den Fels gehauen wurde. Diese Frage stellt sich übrigens auch für alle anderen nabatäischen Grabfassaden Petras. Nur das sogenannte Statthaltergrab ist anhand seiner Inschriften entweder der ausgehenden trajanischen oder der hadrianischen Periode zuzuordnen.

Die Liste der Kunstdenkmäler Petras ist lang. Das von den Nabatäern erbaute und von den Römern umgestaltete Amphitheater konnte 8000 Zuschauern Platz bieten. Im Nordwesten schließt sich die Unterstadt an. Hier wurden auf einer Fläche von knapp 3 Quadratkilometern neben Palästen und Tempeln bis jetzt über 530 Gräber freigelegt. Die Mischung von nabatäischen, hellenistischen, römischen, ptolemäischen und anderen Stilen macht den unvergleichlichen Reiz des Ensembles aus.

Drei Gräber heben sich durch ihre Größe und ihre aufwendigen Verzierungen von den anderen ab: das Urnengrab, das Korinthische Grab und das Palastgrab. Sie gehören zu den sogenannten Königsgräbern, die in eine Felswand des Djebel el-Khubta gemeißelt wurden. Sehr sehenswert ist auch der Palast Qasr el-Bint, der um das Jahr 30 von den Nabatäern zu Ehren des Gottes Dhushara und seiner Gattin al-Uzza Stargatis errichtet wurde. Zu den jüngeren Grabdenkmälern zählen das prachtvolle Mausoleum des Sextius Florentinus und das sogenannte Renaissancegrab aus byzantinischer oder fränkischer Zeit.

Auch die Oberstadt birgt eine Fülle architektonischer Kostbarkeiten. Das Grab von ed-Deir («das Kloster») ist mit seiner 45 Meter breiten und 42 Meter hohen Fassade das größte Monument Petras. Es wurde im 3. Jahrhundert v. Chr. auf einem Berggipfel in den Fels

*Fünf Adlige wurden im Innern des «Obeliskengrabs» beigesetzt. Die vier schmucklosen Pfeiler am Eingang der Stätte waren früher 7 Meter hoch.*

gehauen. In späterer Zeit wurde es zu einer christlichen Kirche umgestaltet. Über Saumpfade erreicht man weitere interessante Denkmäler der Oberstadt, darunter die Reste einer Kreuzritterburg, den Großen Opferplatz, zwei große, mit Inschriften versehene Obelisken und den Löwenbrunnen.

Zwei nabatäische Stätten im Norden Petras verdienen ebenfalls besondere Erwähnung: Moghar en-Nasara und Beidha, letzteres ist auch unter dem Beinamen «Klein-Petra» bekannt. Das Schicksal dieser beiden bereits im Mesolithikum besiedelten Plätze war von jeher untrennbar mit dem Petras verbunden. Als Mitglieder des nabatäischen Handelsimperiums teilten sie auch dessen Glanzzeiten und Niederlagen. Daß es auch hier wunderschöne, prachtvolle Gräber zu besichtigen gibt, gerät leider angesichts der überwältigenden Bekanntheit der Nachbarstadt häufig in Vergessenheit.

*Der rosarote Sandstein mit seiner grauen, blauen, schwarzen oder gelben Maserung verleiht Petras Denkmälern ihren besonderen Reiz (beide Seiten).*

*Der Höhlenkomplex von Moghar en-Nasara im Norden Petras.*
*Er diente über die Jahrhunderte als Nekropole oder Wohnviertel (oben).*

*Wenige Kilometer nördlich von Petra befindet sich auch die nabatäische Siedlung Beidha. Häufig wird sie «Klein-Petra» genannt, da sie vor dem Glanz der rosaroten Stadt in den Hintergrund tritt (unten).*

*Beidha war bereits im Neolithikum bewohnt und gehört damit, neben Jericho im Westjordanland, zu den ältesten landwirtschaftlichen Siedlungsgebieten der Welt (oben und nachfolgende Seite).*

*Die Fauna in der nordarabischen Wüste ist arm.*
*Verschiedene Eidechsenarten und Vögel leben in der Umgebung von Felsmassiven, wo sie Nahrung und Schutz vor der Sonne finden.*

# DER GOLF VON AQABA

*Das Rote Meer teilt sich an der Sinaihalbinsel in zwei fingerartig geformte Buchten. Der Golf von Aqaba stellt die östliche der beiden Buchten am Nordende des Roten Meeres dar. Am Ende des Golfs – sozusagen an der Fingerkuppe der Bucht – liegen das israelische Eilat und das jordanische Aqaba einander gegenüber. Manch einer erinnert sich bei dem Begriff Golf von Aqaba an die Ereignisse von 1967, als Ägypten die Meerenge von Tiran sperrte, den israelischen Hafen Eilat dadurch vom Roten Meer isolierte und damit den Sechstagekrieg zwischen Israel und den arabischen Staaten auslöste. Für die meisten Jordanier und die ausländischen Touristen jedoch ist die Bucht in erster Linie ein Urlaubsgebiet mit phantastischen Bademöglichkeiten und erstklassigen Tauchrevieren.*

# AQABA

*In Aqaba sind von der historischen Bausubstanz nur wenige Überreste erhalten geblieben.*

*In Aqaba herrscht den ganzen Winter über ein angenehmes, mildes Klima. Mit Temperaturen zwischen 20 und 25 Grad Celsius gehört Aqaba von November bis Februar zu den beliebtesten Urlaubszielen in Jordanien. Und wenn im Sommer die Bewohner des jordanischen Südens unter der Wüstensonne zu leiden haben, mildert in der Hafenstadt der Einfluß des Meeres die sonst schier unerträgliche Hitze. Doch nicht die Stadt selbst zieht die Besucher an. Touristisches Reiseziel ist der Golf, in dessen kristallklarem Wasser sich einige der schönsten Korallenriffe der Erde befinden und eine unendliche Vielfalt leuchtend bunter Tropenfische zu Hause ist.*

*Ausflugsdampfer und Fischerboote liegen in der Sandbucht von Aqaba vor Anker. Im Hintergrund erkennt man die Anlagen und Gebäude des großen Industriehafens.*

*Trotz der starken Verschmutzung durch Öl und Phosphate zählt der Golf von Aqaba zu den fischreichsten Gewässern der Erde.*

Die Einwohnerzahl Aqabas ist seit den fünfziger Jahren von 3000 auf 150 000 angewachsen. Historische wie wirtschaftliche Faktoren haben insbesondere während der letzten zwei Jahrzehnte zu diesem Bevölkerungsanstieg beigetragen. Die Geschichte der Stadt verschmilzt mit der ihres Hafens. Die Einheimischen bezeichnen Aqaba daher als einen «Hafen, um den man eine Stadt gebaut hat». Das heutige Aqaba ist wahrscheinlich mit dem antiken Ezion Geber identisch, das König Salomon errichten ließ. Zwischen dem 11. und 5. Jahrhundert v. Chr. wurde hier Kupfererz geschmolzen und ver-

*Armenviertel bilden die Peripherie des modernen Aqaba. Am gegenüberliegenden Ufer liegt das israelische Eilat.*

arbeitet, das in den Minen des Wadi el-Araba abgebaut wurde. In dieser Epoche knüpfte die Stadt enge Handelskontakte zu Südarabien und Ostafrika. Ihr Hafen war damals der wichtigste am Roten Meer. Zu Beginn des 1. Jahrhunderts wurde die Stadt, in jener Zeit Aila genannt, der römischen Provinz Arabia Petraea angegliedert und unterhielt ab diesem Zeitpunkt Handelsbeziehungen mit Palästina, Syrien, Saba (heute ein Teil von Jemen), Ägypten und verschiedenen afrikanischen Anrainern des Roten Meeres.
Im 5. Jahrhundert nahmen die Byzantiner die Stadt ein und errichteten hier ein kleines Handelskontor, verloren aber schon bald das Interesse an diesem von ihrem Territorium zu weit entfernt gelegenen Ort. Im 7. Jahrhundert wurde sie von den Muslimen erobert, im 12. Jahrhundert von den Kreuzrittern. Diese errichteten eine Festung auf der 7 Kilometer vor Aqaba liegenden kleinen Ile de Graye (heute Jezirat Firaun, «Pharaoneninsel»). Diese Anlage diente – ebenso wie die zum syrischen Tartus gehörende Insel Arwad – als vorgelagerter Verteidigungsposten. Im 3. Jahrhundert übernahmen die Mamluken die Stadt, weniger als zweihundert Jahre später fiel sie an das Osmanenreich. Von da an verlor der Hafen von Aqaba für die nächsten fünfhundert Jahre an Bedeutung und besaß nur noch eine kleine Fischerflottille.

Während des Ersten Weltkriegs war die Stadt zwischen Türken und Arabern heftig umkämpft. Lawrence von Arabien eroberte sie und ermöglichte so, daß Waffen per Schiff aus Ägypten geliefert werden konnten. Nach dem Krieg konnte der Hafen an seine internationale Vergangenheit anknüpfen: Er wurde zu einem der wichtigsten Marinestützpunkte der Engländer in der Region ausgebaut.
Seit dem Golfkrieg von 1990/91 wird der gesamte Warenverkehr in den Irak über den Hafen von Aqaba abgewickelt. Diese Situation hatte einen drastischen Anstieg des Schiffsverkehrs im Golf und die unkontrollierte Erweiterung der Hafenzone zur Folge.

*Die zunehmende Dichte des Schiffsverkehrs im Golf von Aqaba hat dazu geführt, daß die Fischfangquoten rückläufig sind und das Fischerhandwerk ein aussterbender Beruf ist (links).*

## DIE MODERNE STADT

In Aqaba sind kaum Spuren aus der Antike erhalten. Die Bedeutung der Stadt beruht heute in erster Linie auf ihrem Hafen, der sich seit der Unabhängigkeit Jordaniens im Jahr 1950 rapide entwickelte und mittlerweile der größte am Roten Meer ist. Die Mehrzahl der Importe und Exporte des Landes wird über seine Kais abgewickelt. Die wirtschaftliche Bedeutung Aqabas wächst dank der Düngemittelindustrie beständig. Das ist kaum verwunderlich angesichts einer jährlichen Phosphatproduktion von 6,8 Millionen Tonnen – Jordanien steht damit weltweit auf Rang vier. Infolge der Blockade der Stadt während des Golfkriegs war der Schiffsverkehr bis 1994 eingeschränkt, heute blühen Stadt und Hafen wieder.
Rechtwinklige Straßenzüge gliedern die weißen Gebäude und Hochhäuser der Stadt in gleichförmige Blocks. Im Nordwesten befinden sich die vornehmen Wohngebiete, im Osten die Arbeiterviertel.
Aqaba liegt an der Ostküste des Golfs, die israelische Stadt Eilat an der Westküste; die Zone dazwischen ist militärisches Sperrgebiet. Nördlich von Eilat beginnt bereits Ägypten. Diese brisante Lage macht die Atmosphäre der Stadt aus – der Augenblick ist kostbar, da man nie sicher sein kann, was der nächste Tag bringen wird.

*Aqaba ist bekannt für seine langen weißen Sandstrände.
Das ganzjährig warme Wasser zieht von Oktober bis April viele sonnenhungrige
Europäer und Amerikaner an.*

*Aila war der Name des antiken Aqaba. Die mittelalterliche Stadt wurde weitgehend zerstört. Nur vereinzelt sind interessante Überreste erhalten geblieben, so etwa Gebäude aus arabischer und mamlukischer Zeit mit Inschriften und Wappen (oben).*

*In Aqaba sind die Geschäfte nur vormittags und abends geöffnet (unten). In der Mittagshitze wirkt die Stadt wie ausgestorben.*

*Innenhof der Festung von Aqaba, die im 14. Jahrhundert Quansu al-Ghawri, einer der letzten Mamlukensultane, errichten ließ.*

*Die Korallenriffe von al-Yamanyah, die erst seit einem Flächentausch mit Saudi-Arabien zum jordanischen Staatsgebiet gehören, zählen mittlerweile zu den touristischen Hauptattraktionen des Landes.*

# DIE KORALLENRIFFE VON AL-YAMANYAH

*Ein Blauflecken-Rochen lauert am Meeresgrund auf Beute.*

*Unter Tauchsportlern zählen die Korallenriffe des Golfs von Aqaba zu den schönsten der Erde. Wenn es im Winter in Europa und Nordamerika ungemütlich zu werden beginnt, trifft sich die internationale Tauchergemeinde am Golf von Aqaba, dessen Wassertemperatur 20 Grad Celsius niemals unterschreitet. Das größte Taucherzentrum am Golf ist das Royal Diving Centre, das König Hussein einrichten ließ. Es liegt 10 Kilometer südlich der Stadt.*

## NACHTRÄGLICHE GRENZKORREKTUR

Die berühmten Korallenbänke von al-Yamanyah gehören erst seit 1965 zu Jordanien. Dies hängt mit der Aufteilung des Gebiets nach dem Ersten Weltkrieg durch die Engländer zusammen, die nach alter Kolonialherren-Manier die Grenzen gleichsam mit dem Lineal zogen. Das hatte zur Folge, daß die nördliche Grenze Saudi-Arabiens rund 10 Kilometer südlich von Aqaba verlief.
Dieser Umstand schränkte die Entwicklungsmöglichkeiten der Stadt und vor allem des Hafens erheblich ein. 1965 trat König Hussein daher an Saudi-Arabien 6000 Quadratkilometer Wüste ab und er-

hielt im Austausch 12 Kilometer zusätzliche Küste. So war die dringend erforderliche Erweiterung der Hafenanlagen möglich. Im Zuge dieser Grenzkorrektur erwarb der jordanische König auch die Korallenbänke von al-Yamanyah, ohne auch nur im entferntesten zu ahnen, daß sie eines Tages zu den touristischen Hauptattraktionen seines Landes zählen würden. Heute buchen Reiseveranstalter aus aller Welt für Badeurlauber und Taucher die luxuriösen Hotels entlang der weißen Sandstrände von Aqaba.

## EXPLOSION DER FARBEN

Die Küstenriffe im Golf von Aqaba fallen vom Strand aus sanft rund 40 Meter ab, um anschließend jäh in gewaltige, bis zu 1900 Meter tiefe Gräben abzustürzen.

Charakteristisch für die Unterwasserwelt des Golfs von Aqaba ist der außergewöhnlich hohe Bestand an Lederkorallen, deren Färbung von tiefbraun über alle erdenklichen Rot- und Rosatöne bis weiß reicht. An vielen Stellen gibt es auch ausgedehnte Kolonien von Baumkorallen. Die Steilkanten der Riffe sind mit Stöcken roter Rindenkorallen überwuchert.

Was aber die eigentliche Magie des Golfs von Aqaba ausmacht, ist das atemberaubende Schauspiel von Millionen leuchtend bunter Tropenfische, die sich in der Rifflandschaft tummeln. Da sind zwischen Seeanemonen versteckte Clownfische, gestreifte oder gefleckte Engelfische, Trompetenfische mit röhrenförmiger Schnauze, zitronengelbe Schmetterlingsfische oder türkis-violette Papageifische, die an den Riffen den Algenbestand abweiden. Häufig vertreten ist auch die winzige rote Meerbarbe, der längliche Schützenfisch, der düstere Chirurgenfisch, der Rotfeuerfisch, der mit seinen Fächern die Beute in die Enge treibt, der Kugelfisch, der sich bei Gefahr mit Wasser oder Luft aufbläst, oder der schillernde Meerjunker. Daneben gibt es so verblüffende Arten wie den furchterregend aussehenden, in Wirklichkeit aber völlig harmlosen Krokodilsfisch oder so gefährliche wie den Drachenkopf, der hier in so großer Zahl vorkommt, daß er zum Wahrzeichen Aqabas wurde. Nicht zuletzt findet man viele verschiedene Muränen, Rochen und Haie, die sowohl an den Riffen als auch im offenen Meer zu Hause sind. Der Kontrast zwischen der Kargheit der umliegenden Wüstenlandschaft und der überreichen Fülle an Lebewesen unter Wasser ist für Taucher immer wieder beeindruckend.

Bedauerlicherweise haben die Korallenriffe und ihre Fauna in den letzten fünf Jahren merklich Schaden genommen. Die Zunahme des Schiffsverkehrs und die Düngemittelindustrie, die jährlich mehrere tausend Tonnen Phosphatrückstände in den Golf leitet, stellen eine existentielle Gefährdung des ökologischen Gleichgewichts dar. Wird hier nicht rasch eingegriffen, indem beispielsweise die Korallenbänke von al-Yamanyah zum Meeresschutzgebiet erklärt werden, sind die Tage dieses großartigen Naturwunders gezählt.

*Zwei Schmetterlingsfische gleiten, beobachtet von einem Taucher, gemächlich durch die Rifflandschaft.*

*Durch den Kontrast zwischen tiefblauem Meerwasser und leuchtendroten Korallen entsteht ein faszinierendes Farbenspiel.*

*Ein Papageifisch sucht das Riff nach Nahrung ab.*

*Der schwarzweiß gestreifte Kaiserfisch ist in den Tiefen des Golfs von Aqaba zu Hause.*

# SCHLUSSBEMERKUNG

Jordanien ist ein vielfältiges, faszinierendes Land. Es besitzt neben atemberaubenden Landschaften wie dem fruchtbaren Jordantal und den endlosen Weiten der Wüste auch historisch bedeutende Kulturstätten, für die Petra, die Königin der Karawanenstädte, stellvertretend genannt werden soll.
Doch auch die wirtschaftliche Entwicklung Jordaniens in den letzten Jahren ist beachtlich. Das Land liegt in finanzieller und wirtschaftlicher Hinsicht, trotz einer noch immer recht hohen Auslandsverschuldung von fast sieben Milliarden Dollar, weit über dem seiner Nachbarn. Alles stünde zum besten – läge das kleine Königreich nicht im Nahen Osten, umgeben von den Krisenherden Israel, Syrien und Irak. Die große Frage, wie es mit Jordanien weitergeht, stellt sich also weniger auf wirtschaftlicher als vielmehr auf politischer Ebene. Die Zukunft des Landes wird in großem Maß von der politischen Entwicklung seiner Nachbarn, aber auch von der internationalen Diplomatie der Großmächte abhängen. Nach dem definitiven Verzicht auf das Westjordanland sieht sich der jordanische König als der unangefochtene Führer seines Landes heute zwei neuen Herausforderungen gegenüber. Dies ist zum einen der Machtwechsel in Israel, das seit Frühjahr 1996 von einer Führungsriege um Ministerpräsident Netanjahu regiert wird. Sein außenpolitischer Kurs hat zu einer Verhärtung der Fronten zwischen Israel und den Palästinensern und zur Verlangsamung des Friedensprozesses geführt. Zum zweiten sind dies rund zwei Millionen palästinensische Flüchtlinge, die in der Mehrheit nicht mehr beabsichtigen, nach Palästina zurückzukehren und zum Teil sogar soweit gehen, einen palästinensischen Staat in heutigen jordanischen Grenzen zu fordern – eine Lösung, die Israel sicherlich begrüßen würden. Sowohl die USA als auch die Europäische Union werden an einer politischen Lösung mitarbeiten und so – zumindest indirekt – über die zukünftige Identität des Haschemitischen Königreichs mit entscheiden.
Selbst wenn die Erkenntnis, daß Jordanien nicht allein Herr seines Schicksals ist, für das Land bedrückend ist, so gibt es doch genügend Anlaß zur Hoffnung. Immerhin vermochten die Völker dieses kleinen Fleckchens Erde über die Jahrhunderte hinweg stets ihre Unabhängigkeit zu verteidigen und ihr kulturelles Erbe zu bewahren. Warum sollte dies im 21. Jahrhundert anders sein?

# GLOSSAR

*Abbasiden*: Kalifendynastie, die von 749 bis 1258 regierte. Die Nachkommen von Mohammeds Onkel Abbas kamen durch einen Aufstand gegen die Omayyaden zur Macht.

*Akkad*: Name für Nordbabylonien.

*Ammonitis*: Antiker Name der Region um Rabbath Ammon, der alten Hauptstadt der Ammoniter.

*Amoriter*: Semitische Nomadenstämme, die seit 2000 v. Chr. von Westen nach Mesopotamien vorstießen.

*Aramäer*: Westsemitische Nomadenstämme, die seit dem Ende des 2. Jahrtausends v. Chr. nach Syrien und Mesopotamien eindrangen und auch in einigen Stadtstaaten die Macht übernahmen.

*Assyrien*: Land um die Stadt am mittleren Tigris, heute der Nordteil des Irak.

*Ayyubiden*: Von Saladin 1171 begründete Dynastie, die die Herrschaft der Fatimiden in Ägypten ablöste. Sie dehnte ihren Hoheitsbereich auf Syrien und Nordmesopotamien aus.

*Bahaismus*: Aus dem schiitischen Islam hervorgegangene humanitär-aufklärerische Religionsgemeinschaft, die sich als Überhöhung aller bestehenden Religionen versteht.

*Balfour-Erklärung*: Erklärung von 1917, in der der britische Außenminister Balfour dem Zionistenführer Baron Rothschild den Entschluß seiner Regierung mitteilte, eine »nationale Heimstätte für das jüdische Volk in Palästina zu errichten«.

*Basalt*: Feinkörniges, dunkles Ergußgestein, aus dem nach der Verwitterung fruchtbare Böden entstehen.

*Cardo*: In Nord-Süd-Richtung verlaufende Hauptstraße römischer Städte.

*Dagestan*: Landschaft östlich des Großen Kaukasus.

*Decumanus*: In Ost-West-Richtung verlaufende Hauptstraße römischer Städte und Heereslager.

*Dekapolis*: Bund von anfänglich zehn Städten im Ostjordanland, der von Gnaeus Pompeius begründet wurde. Die Mitglieder waren halbautonom und gehörten der Provinz Syrien an.

*Drusen*: Schiitische Sekte, die in dem Kalifen al-Hakim ihren Propheten und Messias sieht.

*Edom*: Im Altertum das Hochland zwischen dem Südende des Toten Meeres und dem Roten Meer.

*Fatimiden*: Islamische Dynastie schiitischer Richtung, die von 909 bis 1171 herrschte und sich von Fatima, der Tochter Mohammeds, ableitete; Machtzentrum in Kairo.

*Forum*: Meist rechteckiger Hauptplatz römischer Städte, Versammlungsort.

*Fries*: Waagerechter Mauerstreifen mit Darstellungen von Figuren oder Ornamenten.

*Fruchtbarer Halbmond*: Landwirtschaftlich nutzbarer Steppenstreifen, der von Gaza (am Mittelmeer) halbkreisförmig bis in den Irak hineinreicht.

*Glubb, John Bagot, genannt Glubb Pasha:* Oberbefehlshaber der transjordanischen Armee von 1939 bis 1956, Begründer der Beduinenkorps.

*Hamdaniden*: Arabische Fürstendynastie, die in Aleppo zwischen 944 und 1040 herrschte.

*Hammam*: Traditionelles türkisches Bad.

*Haschemiten*: Arabische Dynastie in Jordanien, die seit dem 10. Jahrhundert das religiöse Oberhaupt Mekkas stellt.

*Hethither*: Volk mit indogermanischer Sprache, das im 2. Jahrtausend v. Chr. vom östlichen Kleinasien aus ein bedeutendes Reich schuf und durch die Assyrer gegen 1200 v. Chr. entmachtet wurde.

*Hippodrom*: Antike Pferderennbahn.

*Hyksos*: Aus Asien stammende Könige der 15. und 16. ägyptischen Dynastie.

*Jom-Kippur-Krieg*: Israelisch-arabischer Krieg im Oktober 1973, der von Syrien und Ägypten begonnen wurde.

*Jungtürken*: Politische Reformbewegung im Osmanischen Reich mit liberalen und panislamischen Zielen.

*Kanaan*: Region im Raum Syrien – Palästina, seit etwa 1500 v. Chr. literarisch erwähnt.

*Kolonnade*: Reihe von Säulen zur Einrahmung von Plätzen oder Straßen.

*Kufi*: Eckige Monumentalform der arabischen Schrift. Der Name leitet sich von der Stadt Kufa ab.

*Maghreb*: Westteil der arabisch-islamischen Welt (Tunesien, Nordalgerien, Marokko).

*Mamluken*: Ursprünglich türkische Militärsklaven, die ab 1250 selbst die Macht übernahmen und unter deren Herrschaft sich Ägypten und Syrien zu mächtigen Staaten entwickelten.

*Mausoleum*: Prächtig gestaltetes Grabmal.

*Moabiter*: Volk, das sich schon vor der israelitischen Landnahme im Ostjordanland ansiedelte.

*Nabatäer*: Arabischer Volksstamm der Antike, der südöstlich von Palästina beheimatet war.

*Nekropole*: Gräberstadt.

*Nymphäum*: Monumentale römische Brunnenanlage.

*Obelisk*: Steinpfeiler, der in der Grundfläche quadratisch ist und sich nach oben verjüngt.

*Odeum*: Kleines überdachtes Gebäude, das für Musikvorführungen und Rezitationen benutzt wurde.

*Omayyaden*: Damaszener Kalifendynastie zwischen 661 und 750, die das Kalifat zu einer erblichen Institution machte.

*Osmanen*: Von Osman I. Ghasi begründete Dynastie, die zwischen 1300 und 1922 das Osmanische Reich beherrschte.

*Parther*: Iranischer Stamm, der sein Reich bis zum Ende des 2. Jahrhunderts v. Chr. bis zum Euphratbogen und Indien ausdehnte. Nach dynastischen Kämpfen fiel das Reich 224 in die Hände der Sassaniden.

*Philister*: Im 2./1. Jahrtausend v. Chr. Volk, das an der Mittelmeerküste Südpalästinas lebte.

*Phönikien*: Antiker Landstrich an der syrischen Mittelmeerküste. Seine Bewohner waren als Seefahrer berühmt.

*Propyläen*: Monumentale Tor- und Treppenanlage eines Heiligtums.

*Qasr*: Burg, Festung (arabisch).

*Sassaniden*: Persische Dynastie, die zwischen 224 und 651 regierte.

*Schiiten*: Sammelbezeichnung verschiedener islamischer Gruppierungen, die durch das Band des Glaubens an Ali als den einzig rechtmäßigen Nachfolger des Propheten geeint sind.

*Sechstagekrieg*: Israelischer Präventivkrieg nach Mobilisierung der arabischen Welt durch Ägypten und Syrien. Israel eroberte den Gazastreifen, die Sinaihalbinsel, die Golanhöhen und Westjordanien bis zum Jordan.

*Seleukiden*: Hellenistische Herrscherdynastie, deren Reich aus der Satrapie Babylon bestand.

*Sumerer*: Bewohner von Sumer, einer Region im südlichen und mittleren Babylon.

*Sunna*: Überkommene islamische Traditionen, abgeleitet aus drei Quellen: 1. Koran, 2. Vorbild des Propheten Mohammed, 3. Konsens der islamischen Gemeinde.

*Sunniten*: Mehrheit der Moslems, die sich in Glaubensfragen auf die Überlieferung der Sunna als einzig entscheidende Quelle beruft.

*Sykes-Picot-Abkommen*: Vertrag zwischen Briten und Franzosen, in dem diese 1916 die Länder des Nahen Ostens für die Zeit nach dem Krieg unter sich aufteilten.

*Tell*: Hügel (arabisch), Ruinenhügel, der durch das Übereinander verschiedener Siedlungsreste entstanden ist.

*Thamudisch*: Altarabischer Dialekt, der sich in Inschriften erhalten hat.

*Tscherkessen*: Moslemische Volksgruppe aus dem Kaukasus, die sich ab 1878 in Transjordanien ansiedelte.

*Wadi:* Flußbett in der Wüste.

*West Bank*: Westufer des Jordan (englisch), Westjordanland.

*Zitadelle*: Durch Gräben und Schußfelder besonders geschützter Teil innerhalb einer Verteidigungsanlage.

Impressum
Redaktionelle Leitung: Roger Sabater
Konzeption und Graphische Gestaltung: BOWER
Herstellung und Kartographie: PLEIN FORMAT, Marseille

Koordination der deutschen Ausgabe: Cornelia Schubert
Redaktion und Glossar: Christa Klus-Neufanger
Graphische Realisierung: Schlotterer & Partner, München

Lithographie: CITIEMME Torino, Italien
Druck: Tipografia Torinese, Italien


(ISBN 2 7191 0333 0)


ISBN 3 7658 1138 6